CONTENTS

Hello World

Text Formatting

Creating Lists

Adding Links

Inserting Images

Creating Tables

Building Forms

Embedding Videos

Working with Divs and Spans

Implementing CSS

Adding Audio

Creating Dropdown Menus

Building a Login Page

Using Semantic Elements

Implementing a Responsive Layout

Creating a Personal Portfolio Page

Designing a Contact Us Page

Constructing a Photo Gallery

Making a News Feed Layout

Developing a Product Showcase Page

Designing a Blog Layout

Creating an Event Registration Form

Implementing a Survey Form

Making a Calculator Interface

Building a Weather App Interface

Developing a To-Do List Application

Creating a Resume/CV Page

Designing a Signup Page

Making a Countdown Timer

Implementing Social Media Sharing Buttons
Designing a Simple Game Interface
Creating a Recipe Page
Building a Music Player Interface
Designing a Pricing Table
Making a Newsletter Signup Form
Developing an FAQ Page
Creating a Bookstore Website
Designing an E-commerce Product Page
Implementing a Chat Interface
Making a Restaurant Menu Page
Building a Real Estate Listing Page
Designing a Digital Portfolio
Creating an Animated Banner
Implementing a Sticky Navigation Bar
Making a Video Background Section
Developing a Testimonial Section
Designing an About Us Page
Building a Responsive Navigation Menu
Implementing Parallax Scrolling
Creating an Image Slider
Designing a Progress Bar
Making a Carousel
Building a Simple Web Game
Implementing Accordions
Creating Tabs
Developing a Login/Logout System
Designing a Newsletter Template
Building a Popup Modal

Making a Mobile App Landing Page

Implementing Lazy Loading Images

Creating a Scroll-to-Top Button

Designing a Timeline

Building a Multi-step Form

Making a Drag-and-Drop Interface

Implementing Geolocation

Creating a Video Gallery

Designing a Virtual Tour Page

Building a Newsletter Subscription Popup

Implementing Infinite Scrolling

Making a Responsive Image Gallery

Creating a Mobile-friendly Navigation

Designing a Pricing Plan Comparison

Building a Cryptocurrency Price Tracker

Implementing Custom Fonts

Making a Slideshow

Creating a Chatbot Interface

Designing an FAQ Accordion

Building a Quiz App

Implementing Mouse Hover Effects

Making a Fullscreen Video Background

Creating a Download Button

Designing a Contact Form with Google Maps

Building a Social Media Feed

Implementing Image Zoom

Creating a Sticky Footer

Designing a Feedback Form

Building a Newsletter Signup Popup

Making a Cookie Consent Banner

Implementing a Dark Mode Toggle

Creating a Subscription Pricing Page

Designing an Animated Navigation Menu

Building a Credit Card Payment Form

Implementing a 404 Error Page

Creating a Countdown Clock

Designing a Coming Soon Page

Building a Weather Forecast Widget

Implementing a File Upload Form

Making a Progress Tracker

Creating a Lightbox Gallery

Designing a Team Section

Building a Job Application Form

Implementing Smooth Scrolling

Making a Sticky Sidebar

Creating a Testimonial Carousel

Designing a Portfolio Grid

Building a Blog Post Layout

Implementing a Search Bar

Making a Responsive Image Carousel

Creating a Credit Card Validation Form

Designing a Subscription Confirmation Page

Building a Currency Converter Interface

Implementing Pagination

Making a Responsive Timeline

Creating a Social Share Bar

Designing a Countdown Timer for Events

Building a BMI Calculator

Implementing a Color Picker

Making a Dynamic Contact Form

Creating an Animated Loading Screen

Designing a Music Playlist Interface

Building a Weather Widget

Implementing Image Carousel with Thumbnails

Making a Custom Dropdown Menu

Creating a Newsletter Signup Form with Validation

Designing a Video Background Header

Building a Subscription Billing Form

Implementing a Photo Gallery with Lightbox

Making a Image Slideshow with Captions

Creating a Chat Application UI

Designing a Blog Post Template

Building a Booking Calendar

Implementing Form Validation

Making a Responsive Pricing Table

Creating a Tabbed Content Section

Designing a Customer Feedback Form

Building a Feedback Poll

Implementing Image Grid Layout

Making a Thumbnail Gallery

Creating a Comparison Pricing Table

Designing a Donation Form

Building a Language Selector

Implementing Credit Card Checkout Form

Making a Hotel Booking Form

Creating an Image Zoom Effect

Designing a Newsletter Subscription Form

Building a Newsletter Popup Modal
Implementing a Cookie Consent Popup
Making a Toggle Switch
Creating a Custom Audio Player
Designing a Product Showcase Grid

Hello World

```
<!DOCTYPE html>
<html>
<head>
  <title>Hello World</title>
</head>
<body>
  <h1>Hello, World!</h1>
</body>
</html>
```

Text Formatting

```
<!DOCTYPE html>
<html>
<head>
  <title>Text Formatting</title>
</head>
<body>
  <p><strong>This text is bold.</strong></p>
  <p><em>This text is italic.</em></p>
  <p><u>This text is underlined.</u></p>
</body>
</html>
```

Creating Lists

```
<!DOCTYPE html>
<html>
<head>
```

```
  <title>Creating Lists</title>
</head>
<body>
  <h2>Ordered List:</h2>
  <ol>
    <li>Item 1</li>
    <li>Item 2</li>
    <li>Item 3</li>
  </ol>
    <h2>Unordered List:</h2>
  <ul>
    <li>Apple</li>
    <li>Orange</li>
    <li>Banana</li>
  </ul>
</body>
</html>
```

Adding Links

```
<!DOCTYPE html>
<html>
<head>
  <title>Adding Links</title>
</head>
<body>
  <p>Visit our <a href="https://example.com">website</a> for more
information.</p>
</body>
```

```
</html>
```

Inserting Images

```
<!DOCTYPE html>
<html>
<head>
  <title>Inserting Images</title>
</head>
<body>
  <img src="https://example.com/image.jpg" alt="Description of the image">
</body>
</html>
```

Creating Tables

```
<!DOCTYPE html>
<html>
<head>
  <title>Creating Tables</title>
</head>
<body>
  <table border="1">
    <tr>
      <th>Name</th>
      <th>Age</th>
    </tr>
    <tr>
      <td>John</td>
      <td>25</td>
```

```
        </tr>

        <tr>

            <td>Jane</td>

            <td>30</td>

        </tr>

    </table>

</body>

</html>
```

Building Forms

```
<!DOCTYPE html>

<html>

<head>

    <title>Building Forms</title>

</head>

<body>

    <form action="/submit-form" method="post">

        <label for="name">Name:</label>

        <input type="text" id="name" name="name"><br><br>


        <label for="email">Email:</label>

        <input type="email" id="email" name="email"><br><br>


        <label for="message">Message:</label><br>

        <textarea id="message" name="message" rows="4"
cols="30"></textarea><br><br>


        <input type="submit" value="Submit">
```

```
    </form>
</body>
</html>
```

Embedding Videos

```
<!DOCTYPE html>
<html>
<head>
    <title>Embedding Videos</title>
</head>
<body>
    <iframe width="560" height="315"
src="https://www.youtube.com/embed/dQw4w9WgXcQ" frameborder="0"
allowfullscreen></iframe>
</body>
</html>
```

Working with Divs and Spans

```
<!DOCTYPE html>
<html>
<head>
    <title>Working with Divs and Spans</title>
    <style>
        .container {
            border: 1px solid #ccc;
            padding: 20px;
        }
```

```
        .highlight {
            background-color: yellow;
        }
    </style>
</head>
<body>
    <div class="container">
        <p>This is a <span class="highlight">span</span> inside a <div>.</div>
    </div>
</body>
</html>
```

Implementing CSS

```
<!DOCTYPE html>
<html>
<head>
    <title>Implementing CSS</title>
    <style>
        body {
            font-family: Arial, sans-serif;
            background-color: #f0f0f0;
            color: #333;
        }

        h1 {
            color: blue;
        }
```

```
        p {
            font-size: 16px;
        }
    </style>
</head>
<body>
    <h1>CSS Example</h1>
    <p>This is an example of using CSS to style HTML elements.</p>
</body>
</html>
```

Adding Audio

```
<!DOCTYPE html>
<html>
<head>
    <title>Adding Audio</title>
</head>
<body>
    <audio controls>
        <source src="https://example.com/audio.mp3" type="audio/mpeg">
        Your browser does not support the audio element.
    </audio>
</body>
</html>
```

Creating Dropdown Menus

```
<!DOCTYPE html>
<html>
```

```
<head>
  <title>Creating Dropdown Menus</title>
</head>
<body>
  <label for="cars">Choose a car:</label>
  <select id="cars" name="cars">
    <option value="volvo">Volvo</option>
    <option value="saab">Saab</option>
    <option value="fiat">Fiat</option>
    <option value="audi">Audi</option>
  </select>
</body>
</html>
```

Building a Login Page

```
<!DOCTYPE html>
<html>
<head>
  <title>Building a Login Page</title>
</head>
<body>
  <form action="/login" method="post">
    <label for="username">Username:</label>
    <input type="text" id="username" name="username"><br><br>

    <label for="password">Password:</label>
    <input type="password" id="password" name="password"><br><br>
```

```
    <input type="submit" value="Login">
  </form>
</body>
</html>
```

Using Semantic Elements

```
<!DOCTYPE html>
<html>
<head>
  <title>Using Semantic Elements</title>
</head>
<body>
  <header>
    <h1>Welcome to My Website</h1>
    <nav>
      <ul>
        <li><a href="#">Home</a></li>
        <li><a href="#">About</a></li>
        <li><a href="#">Services</a></li>
        <li><a href="#">Contact</a></li>
      </ul>
    </nav>
  </header>

  <section>
    <article>
      <h2>Article Title</h2>
      <p>This is a sample article.</p>
    </article>
```

```
  </section>


  <footer>
    <p>&copy; 2024 My Website</p>
  </footer>
</body>
</html>
```

Implementing a Responsive Layout

```
<!DOCTYPE html>
<html>
<head>
  <title>Implementing a Responsive Layout</title>
  <style>
    .container {
      width: 80%;
      margin: 0 auto;
      padding: 20px;
      background-color: #f0f0f0;
      border: 1px solid #ccc;
    }

    @media (max-width: 768px) {
      .container {
        width: 100%;
      }
    }
  </style>
```

```
</head>
<body>
  <div class="container">
    <h1>Responsive Layout Example</h1>
    <p>This layout adjusts based on screen size.</p>
  </div>
</body>
</html>
```

Creating a Personal Portfolio Page

```
<!DOCTYPE html>
<html>
<head>
  <title>Personal Portfolio</title>
  <style>
    body {
      font-family: Arial, sans-serif;
      background-color: #f9f9f9;
      color: #333;
      margin: 0;
      padding: 0;
    }

    header {
      background-color: #007bff;
      color: #fff;
      text-align: center;
      padding: 60px 0;
```

```
        }

        nav {
            text-align: center;
            margin-top: 20px;
        }

        nav a {
            text-decoration: none;
            color: #333;
            padding: 10px;
        }

        section {
            padding: 20px;
        }

        footer {
            text-align: center;
            background-color: #007bff;
            color: #fff;
            padding: 20px 0;
        }
    </style>
</head>
<body>
    <header>
        <h1>John Doe</h1>
```

```
        <p>Web Developer</p>
    </header>

    <nav>
        <a href="#">Home</a>
        <a href="#">About</a>
        <a href="#">Portfolio</a>
        <a href="#">Contact</a>
    </nav>

    <section>
        <h2>About Me</h2>
        <p>I am a passionate web developer with experience in HTML, CSS, and
JavaScript.</p>
    </section>

    <footer>
        <p>&copy; 2024 John Doe</p>
    </footer>
</body>
</html>
```

Designing a Contact Us Page

```
<!DOCTYPE html>
<html>
<head>
    <title>Contact Us</title>
    <style>
```

```
body {
    font-family: Arial, sans-serif;
    background-color: #f9f9f9;
    color: #333;
    margin: 0;
    padding: 0;
}

header {
    background-color: #007bff;
    color: #fff;
    text-align: center;
    padding: 60px 0;
}

section {
    padding: 20px;
    text-align: center;
}

form {
    max-width: 400px;
    margin: 0 auto;
    padding: 20px;
    background-color: #fff;
    border-radius: 5px;
    box-shadow: 0 2px 5px rgba(0,0,0,0.1);
}
```

```
        input[type="text"], textarea {
            width: 100%;
            padding: 10px;
            margin-bottom: 10px;
            border: 1px solid #ccc;
            border-radius: 3px;
        }

        input[type="submit"] {
            background-color: #007bff;
            color: #fff;
            padding: 10px 20px;
            border: none;
            border-radius: 3px;
            cursor: pointer;
        }

        input[type="submit"]:hover {
            background-color: #0056b3;
        }
    </style>
</head>
<body>
    <header>
        <h1>Contact Us</h1>
    </header>
        <section>
```

```
      <form action="/submit-form" method="post">
        <input type="text" name="name" placeholder="Your Name"><br>
        <input type="text" name="email" placeholder="Your Email"><br>
        <textarea name="message" placeholder="Your
Message"></textarea><br>
        <input type="submit" value="Send Message">
      </form>
   </section>
</body>
</html>
```

Constructing a Photo Gallery

```
<!DOCTYPE html>
<html>
<head>
   <title>Photo Gallery</title>
   <style>
      .gallery {
        display: flex;
        flex-wrap: wrap;
        justify-content: center;
      }

      .gallery img {
        width: 200px;
        height: 150px;
        margin: 10px;
        border-radius: 5px;
```

www.ingramcontent.com/pod-product-compliance
Lightning Source LLC
LaVergne TN
LVHW012041160826
845678LV00014B/2662

```
        box-shadow: 0 2px 5px rgba(0,0,0,0.1);
        transition: transform 0.3s ease;
    }

    .gallery img:hover {
        transform: scale(1.1);
    }
  </style>
</head>
<body>
  <div class="gallery">
    <img src="image1.jpg" alt="Image 1">
    <img src="image2.jpg" alt="Image 2">
    <img src="image3.jpg" alt="Image 3">
    <!-- Add more images here -->
  </div>
</body>
</html>
```

Making a News Feed Layout

```
<!DOCTYPE html>
<html>
<head>
  <title>News Feed</title>
  <style>
    body {
        font-family: Arial, sans-serif;
        background-color: #f9f9f9;
```

```
        color: #333;
        margin: 0;
        padding: 20px;
    }

    .article {
        background-color: #fff;
        padding: 20px;
        margin-bottom: 20px;
        border-radius: 5px;
        box-shadow: 0 2px 5px rgba(0,0,0,0.1);
    }

    .article h2 {
        color: #007bff;
    }

    .article p {
        line-height: 1.6;
    }
  </style>
</head>
<body>
  <div class="article">
    <h2>Latest News</h2>
    <p>Lorem ipsum dolor sit amet, consectetur adipiscing elit. Nullam non
libero vel justo mollis bibendum.</p>
  </div>
```

```
    <div class="article">
        <h2>Breaking News</h2>
        <p>Sed euismod turpis nec quam iaculis, in congue tellus commodo.</p>
    </div>

    <!-- Add more articles here -->
</body>
</html>
```

Developing a Product Showcase Page

```
<!DOCTYPE html>
<html>
<head>
    <title>Product Showcase</title>
    <style>
        body {
            font-family: Arial, sans-serif;
            background-color: #f9f9f9;
            color: #333;
            margin: 0;
            padding: 20px;
        }

        product {
            background-color: #fff;
            padding: 20px;
            margin-bottom: 20px;
```

```
        border-radius: 5px;

        box-shadow: 0 2px 5px rgba(0,0,0,0.1);

      }


      .product img {

        width: 100%;

        border-radius: 5px;

        margin-bottom: 10px;

      }


      .product h2 {

        color: #007bff;

      }


      .product p {

        line-height: 1.6;

      }

   </style>

</head>

<body>

   <div class="product">

      <img src="product1.jpg" alt="Product 1">

      <h2>Product Name 1</h2>

      <p>Description of the product goes here.</p>

   </div>


   <div class="product">

      <img src="product2.jpg" alt="Product 2">
```

```
        <h2>Product Name 2</h2>
        <p>Description of the product goes here.</p>
    </div>

    <!-- Add more products here -->
</body>
</html>
```

Designing a Blog Layout

```
<!DOCTYPE html>
<html>
<head>
    <title>Blog Layout</title>
    <style>
        body {
            font-family: Arial, sans-serif;
            background-color: #f9f9f9;
            color: #333;
            margin: 0;
            padding: 20px;
        }

        .post {
            background-color: #fff;
            padding: 20px;
            margin-bottom: 20px;
            border-radius: 5px;
            box-shadow: 0 2px 5px rgba(0,0,0,0.1);
```

```
    }

    .post h2 {
      color: #007bff;
    }

    .post p {
      line-height: 1.6;
    }
  </style>
</head>
<body>
  <div class="post">
    <h2>Blog Post Title</h2>
    <p>Lorem ipsum dolor sit amet, consectetur adipiscing elit. Nullam non libero vel justo mollis bibendum.</p>
    <a href="#">Read More</a>
  </div>

  <div class="post">
    <h2>Another Blog Post</h2>
    <p>Sed euismod turpis nec quam iaculis, in congue tellus commodo.</p>
    <a href="#">Read More</a>
  </div>

  <!-- Add more blog posts here -->
</body>
</html>
```

Creating an Event Registration Form

```
<!DOCTYPE html>
<html>
<head>
  <title>Event Registration Form</title>
  <style>
    body {
      font-family: Arial, sans-serif;
      background-color: #f9f9f9;
      color: #333;
      margin: 0;
      padding: 20px;
    }

    form {
      max-width: 400px;
      margin: 0 auto;
      padding: 20px;
      background-color: #fff;
      border-radius: 5px;
      box-shadow: 0 2px 5px rgba(0,0,0,0.1);
    }

    input[type="text"], input[type="email"], select {
      width: 100%;
      padding: 10px;
      margin-bottom: 10px;
```

```
            border: 1px solid #ccc;
            border-radius: 3px;
        }

        input[type="submit"] {
            background-color: #007bff;
            color: #fff;
            padding: 10px 20px;
            border: none;
            border-radius: 3px;
            cursor: pointer;
        }

        input[type="submit"]:hover {
            background-color: #0056b3;
        }
    </style>
</head>
<body>
    <form action="/register-event" method="post">
        <input type="text" name="name" placeholder="Your Name"><br>
        <input type="email" name="email" placeholder="Your Email"><br>
        <select name="event">
            <option value="event1">Event 1</option>
            <option value="event2">Event 2</option>
            <option value="event3">Event 3</option>
        </select><br>
        <input type="submit" value="Register">
```

```
    </form>
</body>
</html>
```

Implementing a Survey Form

```
<!DOCTYPE html>
<html>
<head>
    <title>Survey Form</title>
    <style>
        body {
            font-family: Arial, sans-serif;
            background-color: #f9f9f9;
            color: #333;
            margin: 0;
            padding: 20px;
        }

        form {
            max-width: 400px;
            margin: 0 auto;
            padding: 20px;
            background-color: #fff;
            border-radius: 5px;
            box-shadow: 0 2px 5px rgba(0,0,0,0.1);
        }

        input[type="text"], textarea {
```

```
            width: 100%;
            padding: 10px;
            margin-bottom: 10px;
            border: 1px solid #ccc;
            border-radius: 3px;
        }

        input[type="submit"] {
            background-color: #007bff;
            color: #fff;
            padding: 10px 20px;
            border: none;
            border-radius: 3px;
            cursor: pointer;
        }

        input[type="submit"]:hover {
            background-color: #0056b3;
        }
    </style>
</head>
<body>
    <form action="/submit-survey" method="post">
        <label for="name">Your Name:</label><br>
        <input type="text" id="name" name="name"><br>

        <label for="email">Your Email:</label><br>
        <input type="text" id="email" name="email"><br>
```

```
        <label for="feedback">Feedback:</label><br>
        <textarea id="feedback" name="feedback" rows="4"></textarea><br>

        <label>Rate our service:</label><br>
        <input type="radio" name="rating" value="good"> Good
        <input type="radio" name="rating" value="average"> Average
        <input type="radio" name="rating" value="poor"> Poor<br>

        <input type="submit" value="Submit">
    </form>
</body>
</html>
```

Making a Calculator Interface

```
<!DOCTYPE html>
<html>
<head>
    <title>Calculator</title>
    <style>
        body {
            font-family: Arial, sans-serif;
            background-color: #f9f9f9;
            color: #333;
            margin: 0;
            padding: 20px;
        }
```

```
.calculator {
    max-width: 300px;
    margin: 0 auto;
    padding: 20px;
    background-color: #fff;
    border-radius: 5px;
    box-shadow: 0 2px 5px rgba(0,0,0,0.1);
}

input[type="text"] {
    width: 100%;
    padding: 10px;
    margin-bottom: 10px;
    border: 1px solid #ccc;
    border-radius: 3px;
}

input[type="button"] {
    width: 48%;
    padding: 10px;
    border: 1px solid #007bff;
    border-radius: 3px;
    background-color: #007bff;
    color: #fff;
    cursor: pointer;
}

input[type="button"]:hover {
```

```
        background-color: #0056b3;
      }
    </style>
</head>
<body>
    <div class="calculator">
        <input type="text" id="result" readonly><br>
        <input type="button" value="1">
        <input type="button" value="2">
        <input type="button" value="3"><br>
        <input type="button" value="4">
        <input type="button" value="5">
        <input type="button" value="6"><br>
        <input type="button" value="7">
        <input type="button" value="8">
        <input type="button" value="9"><br>
        <input type="button" value="0">
        <input type="button" value="+">
        <input type="button" value="-"><br>
        <input type="button" value="*" style="width: 48%;">
        <input type="button" value="/" style="width: 48%;"><br>
        <input type="button" value="Clear" onclick="clearResult()" style="width:
100%; margin top: 10px;">
    </div>
        <script>
        function clearResult() {
            document.getElementById('result').value = '';
        }
```

```
    </script>
</body>
</html>
```

Building a Weather App Interface

```
<!DOCTYPE html>
<html>
<head>
    <title>Weather App</title>
    <style>
        body {
            font-family: Arial, sans-serif;
            background-color: #f9f9f9;
            color: #333;
            margin: 0;
            padding: 20px;
        }

        .weather-container {
            max-width: 400px;
            margin: 0 auto;
            padding: 20px;
            background-color: #fff;
            border-radius: 5px;
            box-shadow: 0 2px 5px rgba(0,0,0,0.1);
        }

        h2 {
            color: #007bff;
```

```
        }

        input[type="text"], input[type="submit"] {
            width: 100%;
            padding: 10px;
            margin-bottom: 10px;
            border: 1px solid #ccc;
            border-radius: 3px;
        }

        input[type="submit"] {
            background-color: #007bff;
            color: #fff;
            cursor: pointer;
        }

        input[type="submit"]:hover {
            background-color: #0056b3;
        }
    </style>
</head>
<body>
    <div class="weather-container">
        <h2>Weather App</h2>
        <form action="#" method="get">
            <input type="text" name="city" placeholder="Enter city name">
            <input type="submit" value="Get Weather">
        </form>
```

```
        <!-- Display weather information here -->
        <div id="weather-info">
            <!-- Weather data will be displayed here -->
        </div>
    </div>
</body>
</html>
```

Developing a To-Do List Application

```
<!DOCTYPE html>
<html>
<head>
    <title>To-Do List</title>
    <style>
        body {
            font-family: Arial, sans-serif;
            background-color: #f9f9f9;
            color: #333;
            margin: 0;
            padding: 20px;
        }

        .todo-container {
            max-width: 400px;
            margin: 0 auto;
            padding: 20px;
            background-color: #fff;
```

```
    border-radius: 5px;
    box-shadow: 0 2px 5px rgba(0,0,0,0.1);
}

h2 {
    color: #007bff;
}

input[type="text"], input[type="submit"] {
    width: 100%;
    padding: 10px;
    margin-bottom: 10px;
    border: 1px solid #ccc;
    border-radius: 3px;
}

input[type="submit"] {
    background-color: #007bff;
    color: #fff;
    cursor: pointer;
}

input[type="submit"]:hover {
    background-color: #0056b3;
}

ul {
    list-style-type: none;
```

```
        padding: 0;
      }

      li {
        margin-bottom: 10px;
      }
    </style>
</head>
<body>
    <div class="todo-container">
      <h2>To-Do List</h2>
      <form id="todo-form">
        <input type="text" id="todo-item" placeholder="Add new item">
        <input type="submit" value="Add">
      </form>

      <ul id="todo-list">
        <!-- To-Do items will be displayed here -->
      </ul>
    </div>

    <script>
      document.getElementById('todo-form').addEventListener('submit',
function(event) {
          event.preventDefault();
          var todoItem = document.getElementById('todo-item').value;
          var newItem = document.createElement('li');
          newItem.textContent = todoItem;
```

```
        document.getElementById('todo-list').appendChild(newItem);
        document.getElementById('todo-item').value = '';
    });
  </script>
</body>
</html>
```

Creating a Resume/CV Page

```
<!DOCTYPE html>
<html>
<head>
  <title>Resume</title>
  <style>
    body {
      font-family: Arial, sans-serif;
      background-color: #f9f9f9;
      color: #333;
      margin: 0;
      padding: 20px;
    }

    .resume {
      max-width: 800px;
      margin: 0 auto;
      padding: 20px;
      background-color: #fff;
      border-radius: 5px;
      box-shadow: 0 2px 5px rgba(0,0,0,0.1);
```

```
        }

        h2, h3 {
            color: #007bff;
        }

        p {
            line-height: 1.6;
        }
    </style>
</head>
<body>
    <div class="resume">
        <h2>John Doe</h2>
        <p>Email: johndoe@example.com</p>
        <p>Phone: (123) 456-7890</p>

        <h3>Objective</h3>
        <p>To secure a challenging position in a reputable organization to expand
my learnings, knowledge, and skills.</p>

        <h3>Education</h3>
        <p>Bachelor of Science in Computer Science<br>
        ABC University, Graduated: May 20XX</p>

        <h3>Experience</h3>
        <p>Software Engineer<br>
        XYZ Tech Inc., June 20XX - Present<br>
```

```
    Responsibilities include developing web applications using HTML, CSS,
JavaScript, and React.</p>

    <h3>Skills</h3>
    <ul>
      <li>HTML/CSS</li>
      <li>JavaScript</li>
      <li>React</li>
      <li>Node.js</li>
      <!-- Add more skills here -->
    </ul>
  </div>
</body>
</html>
```

Designing a Signup Page

```
<!DOCTYPE html>
<html>
<head>
  <title>Sign Up</title>
  <style>
    body {
      font-family: Arial, sans-serif;
      background-color: #f9f9f9;
      color: #333;
      margin: 0;
      padding: 20px;
    }
```

```
.signup-container {
    max-width: 400px;
    margin: 0 auto;
    padding: 20px;
    background-color: #fff;
    border-radius: 5px;
    box-shadow: 0 2px 5px rgba(0,0,0,0.1);
}

h2 {
    color: #007bff;
}

input[type="text"], input[type="password"], input[type="submit"] {
    width: 100%;
    padding: 10px;
    margin-bottom: 10px;
    border: 1px solid #ccc;
    border-radius: 3px;
}

input[type="submit"] {
    background-color: #007bff;
    color: #fff;
    cursor: pointer;
}
```

```
        input[type="submit"]:hover {
            background-color: #0056b3;
        }
    </style>
</head>
<body>
    <div class="signup-container">
        <h2>Sign Up</h2>
        <form action="#" method="post">
            <input type="text" name="username" placeholder="Username">
            <input type="password" name="password" placeholder="Password">
            <input type="submit" value="Sign Up">
        </form>
    </div>
</body>
</html>
```

Making a Countdown Timer

```
<!DOCTYPE html>
<html>
<head>
    <title>Countdown Timer</title>
    <style>
        body {
            font-family: Arial, sans-serif;
            background-color: #f9f9f9;
            color: #333;
            margin: 0;
```

```
            padding: 20px;
        }

        .countdown {
            max-width: 300px;
            margin: 0 auto;
            padding: 20px;
            background-color: #fff;
            border-radius: 5px;
            box-shadow: 0 2px 5px rgba(0,0,0,0.1);
            text-align: center;
        }

        h2 {
            color: #007bff;
        }
    </style>
</head>
<body>
    <div class="countdown">
        <h2>Countdown Timer</h2>
        <p id="timer"></p>
    </div>

    <script>
        var countDownDate = new Date("May 1, 2024 00:00:00").getTime();

        var x = setInterval(function() {
```

```
        var now = new Date().getTime();
        var distance = countDownDate - now;


        var days = Math.floor(distance / (1000 * 60 * 60 * 24));
        var hours = Math.floor((distance % (1000 * 60 * 60 * 24)) / (1000 * 60 *
60));
        var minutes = Math.floor((distance % (1000 * 60 * 60)) / (1000 * 60));
        var seconds = Math.floor((distance % (1000 * 60)) / 1000);


    document.getElementById("timer").innerHTML = days + "d " + hours + "h "
        + minutes + "m " + seconds + "s ";


        if (distance < 0) {
          clearInterval(x);
          document.getElementById("timer").innerHTML = "EXPIRED";
        }
      }, 1000);
  </script>
</body>
</html>
```

Implementing Social Media Sharing Buttons

```
<!DOCTYPE html>
<html>
<head>
  <title>Social Media Sharing</title>
  <style>
      body {
```

```
        font-family: Arial, sans-serif;
        background-color: #f9f9f9;
        color: #333;
        margin: 0;
        padding: 20px;
    }

    .share-buttons {
        text-align: center;
    }

    .share-buttons a {
        display: inline-block;
        width: 40px;
        height: 40px;
        background-color: #007bff;
        color: #fff;
        font-size: 20px;
        line-height: 40px;
        text-align: center;
        border-radius: 50%;
        margin: 5px;
        text-decoration: none;
    }

    .share-buttons a:hover {
        background-color: #0056b3;
    }
```

```
    </style>
</head>
<body>
    <div class="share-buttons">
        <a href="#" target="_blank">F</a>
        <a href="#" target="_blank">T</a>
        <a href="#" target="_blank">I</a>
        <a href="#" target="_blank">P</a>
    </div>
</body>
</html>
```

Designing a Simple Game Interface

```
<!DOCTYPE html>
<html>
<head>
    <title>Simple Game</title>
    <style>
        body {
            font-family: Arial, sans-serif;
            background-color: #f9f9f9;
            color: #333;
            margin: 0;
            padding: 20px;
        }

        canvas {
            display: block;
```

```
            margin: 0 auto;
            border: 1px solid #ccc;
            border-radius: 5px;
        }
    </style>
</head>
<body>
    <canvas id="gameCanvas" width="400" height="300"></canvas>
        <script>
        var canvas = document.getElementById("gameCanvas");
        var ctx = canvas.getContext("2d");

        // Draw game elements here
        ctx.fillStyle = "#007bff";
        ctx.fillRect(50, 50, 100, 100);
    </script>
</body>
</html>
```

Creating a Recipe Page

```
<!DOCTYPE html>
<html>
<head>
    <title>Recipe</title>
    <style>
        body {
            font-family: Arial, sans-serif;
            background-color: #f9f9f9;
```

```
        color: #333;
        margin: 0;
        padding: 20px;
    }

    .recipe-container {
        max-width: 600px;
        margin: 0 auto;
        padding: 20px;
        background-color: #fff;
        border-radius: 5px;
        box-shadow: 0 2px 5px rgba(0,0,0,0.1);
    }

    h2 {
        color: #007bff;
    }

    p {
        line-height: 1.6;
    }
  </style>
</head>
<body>
  <div class="recipe-container">
    <h2>Chocolate Chip Cookies</h2>
    <p><strong>Ingredients:</strong></p>
    <ul>
```

```
        <li>1 cup butter, softened</li>
        <li>1 cup white sugar</li>
        <li>1 cup packed brown sugar</li>
        <li>2 eggs</li>
        <li>2 teaspoons vanilla extract</li>
        <li>3 cups all-purpose flour</li>
        <li>1 teaspoon baking soda</li>
        <li>2 teaspoons hot water</li>
        <li>1/2 teaspoon salt</li>
        <li>2 cups semisweet chocolate chips</li>
      </ul>

      <p><strong>Instructions:</strong></p>
      <ol>
        <li>Preheat oven to 350 degrees F (175 degrees C).</li>
        <li>Cream together the butter, white sugar, and brown sugar until smooth.</li>
        <li>Beat in the eggs one at a time, then stir in the vanilla.</li>
        <li>Dissolve baking soda in hot water. Add to batter along with salt.</li>
        <li>Stir in flour and chocolate chips.</li>
        <li>Drop by large spoonfuls onto ungreased pans.</li>
        <li>Bake for about 10 minutes in the preheated oven, or until edges are nicely browned.</li>
        <li>Cool on wire racks.</li>
      </ol>
    </div>
</body>
</html>
```

Building a Music Player Interface

```
<!DOCTYPE html>
<html>
<head>
  <title>Music Player</title>
  <style>
    body {
      font-family: Arial, sans-serif;
      background-color: #f9f9f9;
      color: #333;
      margin: 0;
      padding: 20px;
    }

    .music-player {
      max-width: 400px;
      margin: 0 auto;
      padding: 20px;
      background-color: #fff;
      border-radius: 5px;
      box-shadow: 0 2px 5px rgba(0,0,0,0.1);
      text-align: center;
    }

    h2 {
      color: #007bff;
    }
```

```
        audio {
            width: 100%;
            margin-bottom: 20px;
        }
    </style>
</head>
<body>
    <div class="music-player">
        <h2>Music Player</h2>
        <audio controls>
            <source src="song.mp3" type="audio/mpeg">
            Your browser does not support the audio element.
        </audio>
    </div>
</body>
</html>
```

Designing a Pricing Table

```
<!DOCTYPE html>
<html>
<head>
    <title>Pricing Table</title>
    <style>
        body {
            font-family: Arial, sans-serif;
            background-color: #f9f9f9;
            color: #333;
```

```
    margin: 0;

    padding: 20px;

  }


  .pricing-table {

    max-width: 600px;

    margin: 0 auto;

    padding: 20px;

    background-color: #fff;

    border-radius: 5px;

    box-shadow: 0 2px 5px rgba(0,0,0,0.1);

    text-align: center;

  }


  h2 {

    color: #007bff;

  }


  .price {

    font-size: 2em;

    margin-bottom: 10px;

  }


  ul {

    list-style-type: none;

    padding: 0;

  }
```

```
        li {
          margin-bottom: 10px;
        }

        .button {
          display: inline-block;
          padding: 10px 20px;
          background-color: #007bff;
          color: #fff;
          text-decoration: none;
          border-radius: 5px;
        }

        .button:hover {
          background-color: #0056b3;
        }
    </style>
</head>
<body>
    <div class="pricing-table">
        <h2>Pricing Plans</h2>
        <div class="plan">
            <h3>Basic</h3>
            <p class="price">$10/month</p>
            <ul>
                <li>Feature 1</li>
                <li>Feature 2</li>
                <li>Feature 3</li>
```

```
        </ul>
        <a href="#" class="button">Get Started</a>
      </div>

      <div class="plan">
        <h3>Pro</h3>
        <p class="price">$20/month</p>
        <ul>
          <li>Feature 1</li>
          <li>Feature 2</li>
          <li>Feature 3</li>
          <li>Feature 4</li>
        </ul>
        <a href="#" class="button">Get Started</a>
      </div>
  </div>
</body>
</html>
```

Making a Newsletter Signup Form

```
<!DOCTYPE html>
<html>
<head>
  <title>Newsletter Signup</title>
  <style>
    body {
      font-family: Arial, sans-serif;
      background-color: #f9f9f9;
```

```
    color: #333;
    margin: 0;
    padding: 20px;
}

.signup-form {
    max-width: 400px;
    margin: 0 auto;
    padding: 20px;
    background-color: #fff;
    border-radius: 5px;
    box-shadow: 0 2px 5px rgba(0,0,0,0.1);
    text-align: center;
}

h2 {
    color: #007bff;
}

input[type="email"], input[type="submit"] {
    width: 100%;
    padding: 10px;
    margin-bottom: 10px;
    border: 1px solid #ccc;
    border-radius: 3px;
}

input[type="submit"] {
```

```
        background-color: #007bff;
        color: #fff;
        cursor: pointer;
      }

      input[type="submit"]:hover {
        background-color: #0056b3;
      }
    </style>
</head>
<body>
    <div class="signup-form">
      <h2>Subscribe to Our Newsletter</h2>
      <form action="#" method="post">
        <input type="email" name="email" placeholder="Enter your email">
        <input type="submit" value="Subscribe">
      </form>
    </div>
</body>
</html>
```

Developing an FAQ Page

```
<!DOCTYPE html>
<html>
<head>
    <title>FAQ</title>
    <style>
      body {
```

```
    font-family: Arial, sans-serif;
    background-color: #f9f9f9;
    color: #333;
    margin: 0;
    padding: 20px;
}

.faq {
    max-width: 600px;
    margin: 0 auto;
    padding: 20px;
    background-color: #fff;
    border-radius: 5px;
    box-shadow: 0 2px 5px rgba(0,0,0,0.1);
}

h2 {
    color: #007bff;
}

.question {
    margin-bottom: 10px;
    cursor: pointer;
}

.answer {
    display: none;
}
```

```
    </style>
</head>
<body>
    <div class="faq">
        <h2>Frequently Asked Questions</h2>
        <div class="question" onclick="toggleAnswer(1)">
            <strong>Question 1:</strong> What is Lorem Ipsum?
            <div class="answer" id="answer1">
                Lorem ipsum dolor sit amet, consectetur adipiscing elit. Vivamus ac vehicula ipsum.
            </div>
        </div>

        <div class="question" onclick="toggleAnswer(2)">
            <strong>Question 2:</strong> How do I use this website?
            <div class="answer" id="answer2">
                You can navigate through the menu and explore different sections.
            </div>
        </div>

        <!-- Add more questions here -->

        <script>
            function toggleAnswer(id) {
                var answer = document.getElementById('answer' + id);
                if (answer.style.display === 'none') {
                    answer.style.display = 'block';
                } else {
```

```
                answer.style.display = 'none';
            }
        }
    </script>
  </div>
</body>
</html>
```

Creating a Bookstore Website

```
<!DOCTYPE html>
<html>
<head>
  <title>Bookstore</title>
  <style>
    body {
      font-family: Arial, sans-serif;
      background-color: #f9f9f9;
      color: #333;
      margin: 0;
      padding: 20px;
    }

    .bookstore {
      max-width: 800px;
      margin: 0 auto;
      padding: 20px;
      background-color: #fff;
      border-radius: 5px;
```

```
        box-shadow: 0 2px 5px rgba(0,0,0,0.1);
    }

    h2 {
        color: #007bff;
    }

    .book {
        margin-bottom: 20px;
        padding: 10px;
        border: 1px solid #ccc;
        border-radius: 5px;
    }
  </style>
</head>
<body>
  <div class="bookstore">
    <h2>Our Books</h2>
    <div class="book">
      <h3>Book Title 1</h3>
      <p>Author: Author Name</p>
      <p>Price: $19.99</p>
      <button>Add to Cart</button>
    </div>

    <div class="book">
      <h3>Book Title 2</h3>
      <p>Author: Author Name</p>
```

```
            <p>Price: $24.99</p>
            <button>Add to Cart</button>
        </div>

        <!-- Add more books here -->
    </div>
</body>
</html>
```

Designing an E-commerce Product Page

```
<!DOCTYPE html>
<html>
<head>
    <title>Product Page</title>
    <style>
        body {
            font-family: Arial, sans-serif;
            background-color: #f9f9f9;
            color: #333;
            margin: 0;
            padding: 20px;
        }

        .product-page {
            max-width: 800px;
            margin: 0 auto;
            padding: 20px;
            background-color: #fff;
```

```
        border-radius: 5px;
        box-shadow: 0 2px 5px rgba(0,0,0,0.1);
    }

    h2 {
        color: #007bff;
    }

    .product {
        display: flex;
        justify-content: space-between;
        border-bottom: 1px solid #ccc;
        padding-bottom: 20px;
        margin-bottom: 20px;
    }

    .product img {
        max-width: 150px;
        height: auto;
    }

    .product-info {
        flex: 1;
        padding-left: 20px;
    }

    button {
        padding: 10px 20px;
```

```
            background-color: #007bff;
            color: #fff;
            border: none;
            border-radius: 5px;
            cursor: pointer;
        }

        button:hover {
            background-color: #0056b3;
        }
    </style>
</head>
<body>
    <div class="product-page">
        <h2>Product Page</h2>
        <div class="product">
            <img src="product1.jpg" alt="Product 1">
            <div class="product-info">
                <h3>Product 1</h3>
                <p>Description: Lorem ipsum dolor sit amet, consectetur adipiscing
elit.</p>
                <p>Price: $49.99</p>
                <button>Add to Cart</button>
            </div>
        </div>

        <div class="product">
            <img src="product2.jpg" alt="Product 2">
```

```
        <div class="product-info">
            <h3>Product 2</h3>
            <p>Description: Lorem ipsum dolor sit amet, consectetur adipiscing
elit.</p>
            <p>Price: $59.99</p>
            <button>Add to Cart</button>
        </div>
      </div>

      <!-- Add more products here -->
   </div>
</body>
</html>
```

Implementing a Chat Interface

```
<!DOCTYPE html>
<html>
<head>
   <title>Chat Interface</title>
   <style>
      body {
         font-family: Arial, sans-serif;
         background-color: #f9f9f9;
         color: #333;
         margin: 0;
         padding: 20px;
      }
```

```
.chat-container {
   max-width: 600px;
   margin: 0 auto;
   padding: 20px;
   background-color: #fff;
   border-radius: 5px;
   box-shadow: 0 2px 5px rgba(0,0,0,0.1);
}

h2 {
   color: #007bff;
}

.chat-box {
   border: 1px solid #ccc;
   border-radius: 5px;
   padding: 10px;
   margin-bottom: 10px;
   max-height: 300px;
   overflow-y: auto;
}

input[type="text"], input[type="submit"] {
   width: 100%;
   padding: 10px;
   margin-bottom: 10px;
   border: 1px solid #ccc;
   border-radius: 3px;
```

```
        }

        input[type="submit"] {
            background-color: #007bff;
            color: #fff;
            cursor: pointer;
        }

        input[type="submit"]:hover {
            background-color: #0056b3;
        }
    </style>
</head>
<body>
    <div class="chat-container">
        <h2>Chat Interface</h2>
        <div class="chat-box" id="chatBox">
            <!-- Chat messages will be displayed here -->
        </div>
        <form id="chatForm">
            <input type="text" id="messageInput" placeholder="Type your
message">
            <input type="submit" value="Send">
        </form>

        <script>
            document.getElementById('chatForm').addEventListener('submit',
function(event) {
```

```
            event.preventDefault();
            var message = document.getElementById('messageInput').value;
            if (message.trim() !== '') {
                var messageElement = document.createElement('div');
                messageElement.textContent = message;

document.getElementById('chatBox').appendChild(messageElement);
                document.getElementById('messageInput').value = '';
            }
        });
    </script>
  </div>
</body>
</html>
```

Making a Restaurant Menu Page

```
<!DOCTYPE html>
<html>
<head>
  <title>Restaurant Menu</title>
  <style>
    body {
      font-family: Arial, sans-serif;
      background-color: #f9f9f9;
      color: #333;
      margin: 0;
      padding: 20px;
    }
```

```
    .menu {
      max-width: 600px;
      margin: 0 auto;
      padding: 20px;
      background-color: #fff;
      border-radius: 5px;
      box-shadow: 0 2px 5px rgba(0,0,0,0.1);
    }

    h2 {
      color: #007bff;
    }

    .dish {
      border-bottom: 1px solid #ccc;
      padding-bottom: 10px;
      margin-bottom: 10px;
    }

    .dish:last-child {
      border-bottom: none;
    }

    h3 {
      color: #555;
    }
  </style>
```

```
</head>
<body>
  <div class="menu">
    <h2>Restaurant Menu</h2>
    <div class="dish">
      <h3>Appetizers</h3>
      <p>Appetizer 1 - $5.99</p>
      <p>Appetizer 2 - $6.99</p>
    </div>

    <div class="dish">
      <h3>Main Courses</h3>
      <p>Main Course 1 - $12.99</p>
      <p>Main Course 2 - $14.99</p>
    </div>

    <div class="dish">
      <h3>Desserts</h3>
      <p>Dessert 1 - $4.99</p>
      <p>Dessert 2 - $5.99</p>
    </div>
  </div>
</body>
</html>
```

Building a Real Estate Listing Page

```
<!DOCTYPE html>
<html>
```

```
<head>
  <title>Real Estate Listings</title>
  <style>
    body {
      font-family: Arial, sans-serif;
      background-color: #f9f9f9;
      color: #333;
      margin: 0;
      padding: 20px;
    }

    .listing {
      max-width: 800px;
      margin: 0 auto;
      padding: 20px;
      background-color: #fff;
      border-radius: 5px;
      box-shadow: 0 2px 5px rgba(0,0,0,0.1);
    }

    h2 {
      color: #007bff;
    }

    .property {
      border-bottom: 1px solid #ccc;
      padding-bottom: 10px;
      margin-bottom: 10px;
```

```
    }

    .property:last-child {
      border-bottom: none;
    }

    h3 {
      color: #555;
    }
  </style>
</head>
<body>
  <div class="listing">
    <h2>Real Estate Listings</h2>
    <div class="property">
      <h3>Property 1</h3>
      <p>Location: City, State</p>
      <p>Price: $300,000</p>
    </div>

    <div class="property">
      <h3>Property 2</h3>
      <p>Location: City, State</p>
      <p>Price: $400,000</p>
    </div>

    <!-- Add more properties here -->
  </div>
```

```
</body>

</html>
```

Designing a Digital Portfolio

```
<!DOCTYPE html>

<html>

<head>

  <title>Portfolio</title>

  <style>

    body {

      font-family: Arial, sans-serif;

      background-color: #f9f9f9;

      color: #333;

      margin: 0;

      padding: 20px;

    }

    .portfolio {

      max-width: 800px;

      margin: 0 auto;

      padding: 20px;

      background-color: #fff;

      border-radius: 5px;

      box-shadow: 0 2px 5px rgba(0,0,0,0.1);

    }

    h2 {

      color: #007bff;
```

```
    }

    .project {
      border-bottom: 1px solid #ccc;
      padding-bottom: 10px;
      margin-bottom: 10px;
    }

    .project:last-child {
      border-bottom: none;
    }

    h3 {
      color: #555;
    }
  </style>
</head>
<body>
  <div class="portfolio">
    <h2>My Portfolio</h2>
    <div class="project">
      <h3>Project 1</h3>
      <p>Description: Lorem ipsum dolor sit amet, consectetur adipiscing
elit.</p>
      <p>Technologies: HTML/CSS, JavaScript</p>
    </div>

    <div class="project">
```

```
        <h3>Project 2</h3>
        <p>Description: Lorem ipsum dolor sit amet, consectetur adipiscing
elit.</p>
        <p>Technologies: React, Node.js</p>
      </div>

      <!-- Add more projects here -->
   </div>
</body>
</html>
```

Creating an Animated Banner

```
<!DOCTYPE html>
<html>
<head>
   <title>Animated Banner</title>
   <style>
      body {
         font-family: Arial, sans-serif;
         background-color: #f9f9f9;
         color: #333;
         margin: 0;
         padding: 20px;
         text-align: center;
      }

      .banner {
         max-width: 600px;
```

```
        margin: 0 auto;
        padding: 20px;
        background-color: #007bff;
        border-radius: 5px;
        box-shadow: 0 2px 5px rgba(0,0,0,0.1);
        color: #fff;
        font-size: 2em;
        animation: colorchange 10s infinite;
      }

      @keyframes colorchange {
        0% { background-color: #007bff; }
        50% { background-color: #0056b3; }
        100% { background-color: #007bff; }
      }
    </style>
</head>
<body>
    <div class="banner">
      Welcome to Our Website!
    </div>
</body>
</html>
```

Implementing a Sticky Navigation Bar

```
<!DOCTYPE html>
<html>
<head>
```

```
<title>Sticky Navigation Bar</title>

<style>

  body {

    font-family: Arial, sans-serif;

    background-color: #f9f9f9;

    color: #333;

    margin: 0;

    padding: 0;

  }


  .navbar {

    overflow: hidden;

    background-color: #333;

    position: fixed;

    top: 0;

    width: 100%;

    z-index: 1000;

  }


  .navbar a {

    float: left;

    display: block;

    color: #f2f2f2;

    text-align: center;

    padding: 14px 16px;

    text-decoration: none;

  }
```

```
    .navbar a:hover {
      background-color: #ddd;
      color: #333;
    }
        .main-content {
      padding-top: 60px;
      text-align: center;
      height: 1200px; /* Placeholder content height */
    }
  </style>
</head>
<body>
  <div class="navbar">
    <a href="#">Home</a>
    <a href="#">About</a>
    <a href="#">Services</a>
    <a href="#">Contact</a>
  </div>

  <div class="main-content">
    <h1>Sticky Navigation Bar Demo</h1>
    <p>This is a demo of a sticky navigation bar. Scroll down to see the
effect.</p>
  </div>
</body>
</html>
```

Making a Video Background Section

```
<!DOCTYPE html>
<html>
<head>
  <title>Video Background Section</title>
  <style>
    body {
      font-family: Arial, sans-serif;
      margin: 0;
      padding: 0;
      height: 100vh;
      display: flex;
      justify-content: center;
      align-items: center;
      color: #fff;
      background-color: #333;
      overflow: hidden;
    }

    video {
      position: fixed;
      top: 50%;
      left: 50%;
      min-width: 100%;
      min-height: 100%;
      width: auto;
      height: auto;
      transform: translate(-50%, -50%);
```

```
        z-index: -1;

    }


    .content {

        text-align: center;

    }


    h1 {

        font-size: 3em;

        margin-bottom: 20px;

    }


    p {

        font-size: 1.5em;

    }

  </style>

</head>

<body>

  <video autoplay muted loop>

    <source src="background-video.mp4" type="video/mp4">

    Your browser does not support the video tag.

  </video>

  <div class="content">

    <h1>Welcome to Our Website</h1>

    <p>Enjoy the immersive video background.</p>

  </div>

</body>

</html>
```

Developing a Testimonial Section

```
<!DOCTYPE html>
<html>
<head>
  <title>Testimonial Section</title>
  <style>
    body {
      font-family: Arial, sans-serif;
      background-color: #f9f9f9;
      color: #333;
      margin: 0;
      padding: 20px;
      text-align: center;
    }

    .testimonial {
      max-width: 600px;
      margin: 0 auto;
      padding: 20px;
      background-color: #fff;
      border-radius: 5px;
      box-shadow: 0 2px 5px rgba(0,0,0,0.1);
    }

    h2 {
      color: #007bff;
    }
```

```
        .quote {
            font-style: italic;
            margin-bottom: 20px;
        }

        .author {
            font-weight: bold;
        }
    </style>
</head>
<body>
    <div class="testimonial">
        <h2>Customer Testimonials</h2>
        <div class="quote">
            "Lorem ipsum dolor sit amet, consectetur adipiscing elit. Etiam rhoncus
felis ac aliquet aliquam."
        </div>
        <div class="author">
            - John Doe
        </div>
    </div>
</body>
</html>
```

Designing an About Us Page

```
<!DOCTYPE html>
<html>
```

```
<head>
  <title>About Us</title>
  <style>
    body {
      font-family: Arial, sans-serif;
      background-color: #f9f9f9;
      color: #333;
      margin: 0;
      padding: 20px;
    }

    .about {
      max-width: 800px;
      margin: 0 auto;
      padding: 20px;
      background-color: #fff;
      border-radius: 5px;
      box-shadow: 0 2px 5px rgba(0,0,0,0.1);
      text-align: center;
    }

    h2 {
      color: #007bff;
    }

    p {
      line-height: 1.6;
    }
```

```
    </style>
</head>
<body>
    <div class="about">
        <h2>About Us</h2>
        <p>Lorem ipsum dolor sit amet, consectetur adipiscing elit. Nulla facilisi.
Sed nec felis eget ex aliquet aliquam.</p>
        <p>Nullam fringilla sem vitae nisi dignissim convallis. Phasellus vitae
purus at eros sollicitudin varius.</p>
    </div>
</body>
</html>
```

Building a Responsive Navigation Menu

```
<!DOCTYPE html>
<html>
<head>
    <title>Responsive Navigation Menu</title>
    <style>
        body {
            font-family: Arial, sans-serif;
            background-color: #f9f9f9;
            color: #333;
            margin: 0;
            padding: 0;
        }

        .navbar {
```

```
        overflow: hidden;
        background-color: #333;
    }

    .navbar a {
        float: left;
        display: block;
        color: #f2f2f2;
        text-align: center;
        padding: 14px 16px;
        text-decoration: none;
    }

    .dropdown {
        float: left;
        overflow: hidden;
    }

    .dropdown .dropbtn {
        font-size: 16px;
        border: none;
        outline: none;
        color: #f2f2f2;
        padding: 14px 16px;
        background-color: inherit;
        text-align: inherit;
        margin: 0;
    }
```

```
.navbar a:hover, .dropdown:hover .dropbtn {
  background-color: #ddd;
  color: #333;
}

.dropdown-content {
  display: none;
  position: absolute;
  background-color: #333;
  min-width: 160px;
  z-index: 100;
}

.dropdown-content a {
  color: #f2f2f2;
  padding: 12px 16px;
  text-decoration: none;
  display: block;
  text-align: left;
}

.dropdown-content a:hover {
  background-color: #ddd;
  color: #333;
}

@media screen and (max-width: 600px) {
```

```
        .navbar a, .dropdown .dropbtn {
          float: none;
          display: block;
          text-align: center;
        }
        .dropdown-content {
          display: none;
          position: static;
          background-color: #333;
          z-index: 100;
        }
      }
  </style>
</head>
<body>
  <div class="navbar">
    <a href="#">Home</a>
    <a href="#">About</a>
    <div class="dropdown">
      <button class="dropbtn">Services</button>
      <div class="dropdown-content">
        <a href="#">Service 1</a>
        <a href="#">Service 2</a>
        <a href="#">Service 3</a>
      </div>
    </div>
    <a href="#">Contact</a>
  </div>
```

```
  <h3>Resize the browser window to see the responsive effect.</h3>
</body>
</html>
```

Implementing Parallax Scrolling

```
<!DOCTYPE html>
<html>
<head>
  <title>Parallax Scrolling</title>
  <style>
    body {
      font-family: Arial, sans-serif;
      background-color: #f9f9f9;
      color: #333;
      margin: 0;
      padding: 0;
      height: 1000px;
    }

    .parallax {
      background-image: url('background.jpg');
      background-attachment: fixed;
      background-position: center;
      background-repeat: no-repeat;
      background-size: cover;
      height: 100%;
      padding: 100px 0;
```

```
            text-align: center;

            color: #fff;

        }


        .parallax-content {

            background-color: rgba(0,0,0,0.5);

            padding: 20px;

            border-radius: 5px;

        }


        h1 {

            font-size: 3em;

        }


        p {

            font-size: 1.5em;

        }

    </style>

</head>

<body>

    <div class="parallax">

        <div class="parallax-content">

            <h1>Welcome to Our Website</h1>

            <p>Scroll down to see the parallax effect.</p>

        </div>

    </div>
```

```
    <div style="height: 800px; background-color: #f9f9f9; text-align: center;
padding: 100px 0;">
        <h2>Content Section</h2>
        <p>This is the main content section.</p>
    </div>
</body>
</html>
```

Creating an Image Slider

```
<!DOCTYPE html>
<html>
<head>
    <title>Image Slider</title>
    <style>
        body {
            font-family: Arial, sans-serif;
            background-color: #f9f9f9;
            color: #333;
            margin: 0;
            padding: 20px;
            text-align: center;
        }

        .slider-container {
            max-width: 800px;
            margin: 0 auto;
            overflow: hidden;
            position: relative;
```

```
}

.slider {
  display: flex;
  transition: transform 0.5s ease-in-out;
}

.slide {
  min-width: 100%;
  overflow: hidden;
}

img {
  width: 100%;
  height: auto;
}

.prev, .next {
  position: absolute;
  top: 50%;
  transform: translateY(-50%);
  padding: 10px;
  color: #fff;
  background-color: rgba(0,0,0,0.5);
  cursor: pointer;
  z-index: 100;
}
```

```
    .prev {
      left: 0;
    }

    .next {
      right: 0;
    }
  </style>
</head>
<body>
  <div class="slider-container">
    <div class="slider">
      <div class="slide">
        <img src="image1.jpg" alt="Image 1">
      </div>
      <div class="slide">
        <img src="image2.jpg" alt="Image 2">
      </div>
      <div class="slide">
        <img src="image3.jpg" alt="Image 3">
      </div>
    </div>
    <div class="prev" onclick="prevSlide()">&#10094;</div>
    <div class="next" onclick="nextSlide()">&#10095;</div>
  </div>

  <script>
    var slideIndex = 0;
```

```
      showSlide(slideIndex);


      function prevSlide() {
         showSlide(slideIndex -= 1);
      }


      function nextSlide() {
         showSlide(slideIndex += 1);
      }


      function showSlide(n) {
         var slides = document.getElementsByClassName("slide");
         if (n >= slides.length) { slideIndex = 0; }
         if (n < 0) { slideIndex = slides.length - 1; }
         for (var i = 0; i < slides.length; i++) {
            slides[i].style.display – "nonc";
         }
         slides[slideIndex].style.display = "block";
      }
   </script>
</body>
</html>
```

Designing a Progress Bar

```
<!DOCTYPE html>
<html>
<head>
   <title>Progress Bar</title>
```

```
<style>
    body {
        font-family: Arial, sans-serif;
        background-color: #f9f9f9;
        color: #333;
        margin: 0;
        padding: 20px;
        text-align: center;
    }

    .progress {
        width: 50%;
        background-color: #ddd;
        border-radius: 5px;
        margin: 20px auto;
    }

    .progress-bar {
        width: 50%;
        height: 30px;
        background-color: #007bff;
        border-radius: 5px;
    }

    p {
        font-size: 1.5em;
    }
</style>
```

```
</head>

<body>

  <h2>Progress Bar Demo</h2>

  <div class="progress">

    <div class="progress-bar" style="width: 50%;"></div>

  </div>

  <p>50% Complete</p>

</body>

</html>
```

Making a Carousel

```
<!DOCTYPE html>

<html>

<head>

  <title>Carousel</title>

  <style>

    body {

      font-family: Arial, sans-serif;

      background-color: #f9f9f9;

      color: #333;

      margin: 0;

      padding: 20px;

      text-align: center;

    }


    .carousel {

      max-width: 600px;

      margin: 0 auto;
```

```
    overflow: hidden;
    position: relative;
}

.slide {
    display: none;
    position: absolute;
    width: 100%;
    height: 300px;
}

img {
    width: 100%;
    height: 100%;
    object-fit: cover;
}

.prev, .next {
    position: absolute;
    top: 50%;
    transform: translateY(-50%);
    padding: 10px;
    color: #fff;
    background-color: rgba(0,0,0,0.5);
    cursor: pointer;
    z-index: 100;
}
```

```
        .prev {
            left: 0;
        }

        .next {
            right: 0;
        }
    </style>
</head>
<body>
    <div class="carousel">
        <div class="slide">
            <img src="slide1.jpg" alt="Slide 1">
        </div>
        <div class="slide">
            <img src="slide2.jpg" alt="Slide 2">
        </div>
        <div class="slide">
            <img src="slide3.jpg" alt="Slide 3">
        </div>
        <div class="prev" onclick="prevSlide()">&#10094;</div>
        <div class="next" onclick="nextSlide()">&#10095;</div>
    </div>

    <script>
        var slideIndex = 0;
        showSlide(slideIndex);
```

```
    function prevSlide() {
      showSlide(slideIndex -= 1);
    }

    function nextSlide() {
      showSlide(slideIndex += 1);
    }

    function showSlide(n) {
      var slides = document.getElementsByClassName("slide");
      if (n >= slides.length) { slideIndex = 0; }
      if (n < 0) { slideIndex = slides.length - 1; }
      for (var i = 0; i < slides.length; i++) {
        slides[i].style.display = "none";
      }
      slides[slideIndex].style.display = "block";
    }
  </script>
</body>
</html>
```

Building a Simple Web Game

```
<!DOCTYPE html>
<html>
<head>
  <title>Simple Web Game</title>
  <style>
    body {
      font-family: Arial, sans-serif;
```

```
        background-color: #f9f9f9;
        color: #333;
        margin: 0;
        padding: 20px;
        text-align: center;
      }

      canvas {
        border: 1px solid #333;
      }
  </style>
</head>
<body>
  <h2>Simple Web Game</h2>
  <canvas id="gameCanvas" width="400" height="300"></canvas>

  <script>
      var canvas = document.getElementById("gameCanvas");
      var ctx = canvas.getContext("2d");

      var x = canvas.width / 2;
      var y = canvas.height - 30;
      var dx = 2;
      var dy = -2;
      var ballRadius = 10;

      function drawBall() {
        ctx.beginPath();
```

```
        ctx.arc(x, y, ballRadius, 0, Math.PI * 2);
        ctx.fillStyle = "#0095DD";
        ctx.fill();
        ctx.closePath();
      }

      function draw() {
        ctx.clearRect(0, 0, canvas.width, canvas.height);
        drawBall();

        x += dx;
        y += dy;

        if (x + dx > canvas.width - ballRadius || x + dx < ballRadius) {
          dx = -dx;
        }
        if (y + dy > canvas.height - ballRadius || y + dy < ballRadius) {
          dy = -dy;
        }
      }

      setInterval(draw, 10);
    </script>
</body>
</html>
```

Implementing Accordions

```
<!DOCTYPE html>
```

```
<html>

<head>

  <title>Accordion</title>

  <style>

    body {

      font-family: Arial, sans-serif;

      background-color: #f9f9f9;

      color: #333;

      margin: 0;

      padding: 20px;

    }


    .accordion {

      background-color: #fff;

      border: 1px solid #ddd;

      border-radius: 5px;

      margin-bottom: 20px;

    }


    .accordion-header {

      background-color: #007bff;

      color: #fff;

      padding: 10px 20px;

      cursor: pointer;

    }


    .accordion-panel {

      display: none;
```

```
            padding: 10px 20px;
        }
    </style>
</head>
<body>
    <div class="accordion">
        <div class="accordion-header" onclick="toggleAccordion(this)">Section
1</div>
        <div class="accordion-panel">
            <p>Content for Section 1 goes here.</p>
        </div>
    </div>

    <div class="accordion">
        <div class="accordion-header" onclick="toggleAccordion(this)">Section
2</div>
        <div class="accordion-panel">
            <p>Content for Section 2 goes here.</p>
        </div>
    </div>

    <script>
        function toggleAccordion(element) {
            var panel = element.nextElementSibling;
            if (panel.style.display === "block") {
                panel.style.display = "none";
            } else {
                panel.style.display = "block";
```

```
        }
    }
  </script>
</body>
</html>
```

Creating Tabs

```
<!DOCTYPE html>
<html>
<head>
  <title>Tabs</title>
  <style>
    body {
      font-family: Arial, sans-serif;
      background-color: #f9f9f9;
      color: #333;
      margin: 0;
      padding: 20px;
    }

    .tabs {
      background-color: #fff;
      border: 1px solid #ddd;
      border-radius: 5px;
      overflow: hidden;
    }

    .tab-button {
```

```
            background-color: #007bff;
            color: #fff;
            padding: 10px 20px;
            cursor: pointer;
            float: left;
        }

        .tab-content {
            display: none;
            padding: 20px;
            clear: both;
        }
    </style>
</head>
<body>
    <div class="tabs">
        <div class="tab-button" onclick="showTab(event, 'tab1')">Tab 1</div>
        <div class="tab-button" onclick="showTab(event, 'tab2')">Tab 2</div>

        <div id="tab1" class="tab-content">
            <p>Content for Tab 1 goes here.</p>
        </div>

        <div id="tab2" class="tab-content">
            <p>Content for Tab 2 goes here.</p>
        </div>
    </div>
```

```
  <script>
    function showTab(event, tabId) {
      var i, tabContent, tabButtons;

      tabContent = document.getElementsByClassName("tab-content");
      for (i = 0; i < tabContent.length; i++) {
        tabContent[i].style.display = "none";
      }

      tabButtons = document.getElementsByClassName("tab-button");
      for (i = 0; i < tabButtons.length; i++) {
        tabButtons[i].style.backgroundColor = "#007bff";
        tabButtons[i].style.color = "#fff";
      }

      document.getElementById(tabId).style.display = "block";
      event.currentTarget.style.backgroundColor = "#fff";
      event.currentTarget.style.color = "#007bff";
    }
  </script>
</body>
</html>
```

Developing a Login/Logout System

```
<!DOCTYPE html>
<html>
<head>
  <title>Login/Logout System</title>
```

```
<style>
    body {
        font-family: Arial, sans-serif;
        background-color: #f9f9f9;
        color: #333;
        margin: 0;
        padding: 20px;
        text-align: center;
    }

    .login-form {
        max-width: 300px;
        margin: 0 auto;
        background-color: #fff;
        padding: 20px;
        border-radius: 5px;
        box-shadow: 0 2px 5px rgba(0,0,0,0.1);
    }

    input[type="text"], input[type="password"], input[type="submit"] {
        width: 100%;
        padding: 10px;
        margin-bottom: 10px;
        border: 1px solid #ddd;
        border-radius: 5px;
        box-sizing: border-box;
    }
```

```
    input[type="submit"] {
        background-color: #007bff;
        color: #fff;
        cursor: pointer;
    }
  </style>
</head>
<body>
  <div class="login-form">
    <h2>Login</h2>
    <form action="/login" method="post">
        <input type="text" name="username" placeholder="Username"
required><br>
        <input type="password" name="password" placeholder="Password"
required><br>
        <input type="submit" value="Login">
    </form>
  </div>
</body>
</html>
```

Designing a Newsletter Template

```
<!DOCTYPE html>
<html>
<head>
  <title>Newsletter Template</title>
  <style>
    body {
```

```
        font-family: Arial, sans-serif;
        background-color: #f9f9f9;
        color: #333;
        margin: 0;
        padding: 20px;
        text-align: center;
    }

    .newsletter {
        max-width: 600px;
        margin: 0 auto;
        background-color: #fff;
        padding: 20px;
        border-radius: 5px;
        box-shadow: 0 2px 5px rgba(0,0,0,0.1);
    }

    h2 {
        color: #007bff;
    }

    p {
        line-height: 1.6;
    }

    .button {
        display: inline-block;
        padding: 10px 20px;
```

```
            background-color: #007bff;
            color: #fff;
            text-decoration: none;
            border-radius: 5px;
        }
    </style>
</head>
<body>
    <div class="newsletter">
        <h2>Subscribe to Our Newsletter</h2>
        <p>Stay updated with our latest news and promotions.</p>
        <form action="/subscribe" method="post">
            <input type="email" name="email" placeholder="Enter your email"
required>
            <input type="submit" value="Subscribe" class="button">
        </form>
    </div>
</body>
</html>
```

Building a Popup Modal

```
<!DOCTYPE html>
<html>
<head>
    <title>Popup Modal</title>
    <style>
        body {
            font-family: Arial, sans-serif;
```

```
    background-color: #f9f9f9;
    color: #333;
    margin: 0;
    padding: 20px;
    text-align: center;
}

.modal {
    display: none;
    position: fixed;
    top: 0;
    left: 0;
    width: 100%;
    height: 100%;
    background-color: rgba(0,0,0,0.5);
    z-index: 1000;
    overflow: auto;
}

.modal-content {
    background-color: #fff;
    margin: 10% auto;
    padding: 20px;
    border-radius: 5px;
    box-shadow: 0 2px 5px rgba(0,0,0,0.1);
    max-width: 400px;
}
```

```
        .close {
          color: #aaa;
          float: right;
          font-size: 28px;
          font-weight: bold;
          cursor: pointer;
        }

        .close:hover,
        .close:focus {
          color: black;
          text-decoration: none;
          cursor: pointer;
        }
    </style>
</head>
<body>
    <button onclick="openModal()">Open Modal</button>

    <div id="myModal" class="modal">
        <div class="modal-content">
          <span class="close" onclick="closeModal()">&times;</span>
          <h2>Popup Modal</h2>
          <p>This is a popup modal window.</p>
        </div>
    </div>

    <script>
```

```
        function openModal() {
            document.getElementById("myModal").style.display = "block";
        }

        function closeModal() {
            document.getElementById("myModal").style.display = "none";
        }
    </script>
</body>
</html>
```

Making a Mobile App Landing Page

```
<!DOCTYPE html>
<html>
<head>
    <title>Mobile App Landing Page</title>
    <style>
        body {
            font-family: Arial, sans-serif;
            background-color: #f9f9f9;
            color: #333;
            margin: 0;
            padding: 20px;
            text-align: center;
        }

        .app-landing {
            max-width: 600px;
```

```
        margin: 0 auto;
    }

    h2 {
        color: #007bff;
    }

    p {
        line-height: 1.6;
    }

    .app-screenshot {
        max-width: 100%;
        height: auto;
        margin-bottom: 20px;
    }

    .button {
        display: inline-block;
        padding: 10px 20px;
        background-color: #007bff;
        color: #fff;
        text-decoration: none;
        border-radius: 5px;
    }
  </style>
</head>
<body>
```

```
  <div class="app-landing">
    <h2>Mobile App Landing Page</h2>
    <img src="app-screenshot.jpg" alt="App Screenshot" class="app-
screenshot">
    <p>Download our app now and enjoy amazing features!</p>
    <a href="#" class="button">Download Now</a>
  </div>
</body>
</html>
```

Implementing Lazy Loading Images

```
<!DOCTYPE html>
<html>
<head>
  <title>Lazy Loading Images</title>
  <style>
    body {
      font-family: Arial, sans-serif;
      background-color: #f9f9f9;
      color: #333;
      margin: 0;
      padding: 20px;
      text-align: center;
    }

    img {
      width: 100%;
      height: auto;
```

```
            display: block;
            margin-bottom: 20px;
        }
    </style>
</head>
<body>
    <h2>Lazy Loading Images Demo</h2>
    <img src="placeholder.jpg" data-src="image1.jpg" alt="Image 1"
loading="lazy">
    <img src="placeholder.jpg" data-src="image2.jpg" alt="Image 2"
loading="lazy">
    <img src="placeholder.jpg" data-src="image3.jpg" alt="Image 3"
loading="lazy">

    <script>
        document.addEventListener("DOMContentLoaded", function() {
            var lazyImages = document.querySelectorAll('img[loading="lazy"]');

            lazyImages.forEach(function(img) {
                img.src = img.dataset.src;
            });
        });
    </script>
</body>
</html>
```

Creating a Scroll-to-Top Button

```
<!DOCTYPE html>
```

```
<html>
<head>
  <title>Scroll-to-Top Button</title>
  <style>
    body {
      font-family: Arial, sans-serif;
      background-color: #f9f9f9;
      color: #333;
      margin: 0;
      padding: 20px;
      text-align: center;
    }

    #scrollBtn {
      display: none;
      position: fixed;
      bottom: 20px;
      right: 20px;
      padding: 10px;
      background-color: #007bff;
      color: #fff;
      border-radius: 5px;
      cursor: pointer;
    }
  </style>
</head>
<body>
  <h2>Scroll-to-Top Button</h2>
```

```
  <button onclick="scrollToTop()" id="scrollBtn">Scroll to Top</button>

  <script>
    window.onscroll = function() { scrollFunction(); };

    function scrollFunction() {
      if (document.body.scrollTop > 20 ||
document.documentElement.scrollTop > 20) {
        document.getElementById("scrollBtn").style.display = "block";
      } else {
        document.getElementById("scrollBtn").style.display = "none";
      }
    }

    function scrollToTop() {
      document.body.scrollTop = 0;
      document.documentElement.scrollTop = 0;
    }
  </script>
</body>
</html>
```

Designing a Timeline

```
<!DOCTYPE html>
<html>
<head>
  <title>Timeline</title>
  <style>
```

```
body {
    font-family: Arial, sans-serif;
    background-color: #f9f9f9;
    color: #333;
    margin: 0;
    padding: 20px;
}

.timeline {
    position: relative;
    max-width: 800px;
    margin: 0 auto;
}

.timeline-item {
    padding: 20px;
    border-left: 2px solid #007bff;
    position: relative;
    margin-bottom: 20px;
}

.timeline-item:last-child {
    margin-bottom: 0;
}

.timeline-item .date {
    position: absolute;
    top: -20px;
```

```
        right: -80px;
        background-color: #007bff;
        color: #fff;
        padding: 5px 10px;
        border-radius: 5px;
    }

    h2 {
        color: #007bff;
    }

    p {
        line-height: 1.6;
    }
  </style>
</head>
<body>
  <div class="timeline">
    <div class="timeline-item">
        <div class="date">2020</div>
        <h2>Event Title</h2>
        <p>Description of the event.</p>
    </div>
    <div class="timeline-item">
        <div class="date">2019</div>
        <h2>Another Event Title</h2>
        <p>Description of another event.</p>
    </div>
```

```
        <!-- More timeline items -->
    </div>
</body>
</html>
```

Building a Multi-step Form

```
<!DOCTYPE html>
<html>
<head>
    <title>Multi-step Form</title>
    <style>
        body {
            font-family: Arial, sans-serif;
            background-color: #f9f9f9;
            color: #333;
            margin: 0;
            padding: 20px;
        }

        .step-form {
            max-width: 600px;
            margin: 0 auto;
            background-color: #fff;
            padding: 20px;
            border-radius: 5px;
            box-shadow: 0 2px 5px rgba(0,0,0,0.1);
        }
```

```
    .form-step {
      display: none;
    }

    .form-step.active {
      display: block;
    }

    input[type="text"], input[type="email"], input[type="password"] {
      width: 100%;
      padding: 10px;
      margin-bottom: 10px;
      border: 1px solid #ddd;
      border-radius: 5px;
      box-sizing: border-box;
    }

    .button {
      display: inline-block;
      padding: 10px 20px;
      background-color: #007bff;
      color: #fff;
      text-decoration: none;
      border-radius: 5px;
      cursor: pointer;
    }
  </style>
</head>
```

```
<body>
    <div class="step-form">
        <div class="form-step active" id="step1">
            <h2>Step 1: Personal Information</h2>
            <input type="text" placeholder="First Name">
            <input type="text" placeholder="Last Name">
            <input type="email" placeholder="Email">
            <button onclick="nextStep('step2')">Next</button>
        </div>
        <div class="form-step" id="step2">
            <h2>Step 2: Account Setup</h2>
            <input type="text" placeholder="Username">
            <input type="password" placeholder="Password">
            <input type="password" placeholder="Confirm Password">
            <button onclick="prevStep('step1')">Previous</button>
            <button onclick="submitForm()">Submit</button>
        </div>
    </div>

    <script>
        function nextStep(stepId) {
            document.getElementById(stepId).classList.add("active");
            document.getElementById(stepId == 'step1' ? 'step2' :
'step1').classList.remove("active");
        }

        function prevStep(stepId) {
            document.getElementById(stepId).classList.add("active");
```

```
        document.getElementById(stepId == 'step1' ? 'step2' :
'step1').classList.remove("active");
    }

    function submitForm() {
        // Process form submission here
        alert("Form submitted successfully!");
    }
  </script>
</body>
</html>
```

Making a Drag-and-Drop Interface

```
<!DOCTYPE html>
<html>
<head>
  <title>Drag-and-Drop Interface</title>
  <style>
    body {
        font-family: Arial, sans-serif;
        background-color: #f9f9f9;
        color: #333;
        margin: 0;
        padding: 20px;
        text-align: center;
    }

    #drag-container {
```

```
        width: 400px;
        height: 300px;
        border: 2px dashed #ddd;
        border-radius: 5px;
        padding: 20px;
        box-sizing: border-box;
        cursor: move;
      }
    </style>
</head>
<body>
    <h2>Drag-and-Drop Interface</h2>
    <div id="drag-container" draggable="true" ondragstart="drag(event)">
      Drag this box
    </div>

    <script>
      function drag(event) {
        event.dataTransfer.setData("text/plain", event.target.id);
      }
    </script>
</body>
</html>
```

Implementing Geolocation

```
<!DOCTYPE html>
<html>
<head>
  <title>Geolocation</title>
  <style>
    body {
      font-family: Arial, sans-serif;
      background-color: #f9f9f9;
      color: #333;
      margin: 0;
      padding: 20px;
      text-align: center;
    }
  </style>
</head>
<body>
  <h2>Geolocation</h2>
  <p id="location">Click the button to get your location.</p>
  <button onclick="getLocation()">Get Location</button>

  <script>
    function getLocation() {
      if (navigator.geolocation) {
        navigator.geolocation.getCurrentPosition(showPosition);
      } else {
        document.getElementById("location").innerHTML = "Geolocation is
not supported by this browser.";
```

```
        }
    }

    function showPosition(position) {
        var latitude = position.coords.latitude;
        var longitude = position.coords.longitude;
        document.getElementById("location").innerHTML = "Latitude: " +
latitude + "<br>Longitude: " + longitude;
    }
  </script>
</body>
</html>
```

Creating a Video Gallery

```
<!DOCTYPE html>
<html>
<head>
  <title>Video Gallery</title>
  <style>
    body {
        font-family: Arial, sans-serif;
        background-color: #f9f9f9;
        color: #333;
        margin: 0;
        padding: 20px;
    }

    .video-container {
```

```
        display: grid;

        grid-template-columns: repeat(3, 1fr);

        grid-gap: 20px;

      }


      iframe {

        width: 100%;

        height: 200px;

      }

  </style>

</head>

<body>

  <h2>Video Gallery</h2>

  <div class="video-container">

      <iframe src="https://www.youtube.com/embed/video1"
allowfullscreen></iframe>

      <iframe src="https://www.youtube.com/embed/video2"
allowfullscreen></iframe>

      <iframe src="https://www.youtube.com/embed/video3"
allowfullscreen></iframe>

      <!-- Add more video iframes -->

  </div>

</body>

</html>
```

Designing a Virtual Tour Page

```
<!DOCTYPE html>

<html>
```

```
<head>
   <title>Virtual Tour Page</title>
   <style>
      body {
         font-family: Arial, sans-serif;
         background-color: #f9f9f9;
         color: #333;
         margin: 0;
         padding: 20px;
         text-align: center;
      }

      h2 {
         color: #007bff;
      }

      .tour-container {
         display: grid;
         grid-template-columns: repeat(3, 1fr);
         grid-gap: 20px;
      }

      .tour-item {
         border: 1px solid #ddd;
         border-radius: 5px;
         padding: 10px;
         box-shadow: 0 2px 5px rgba(0,0,0,0.1);
      }
```

```
    img {
      width: 100%;
      height: auto;
      border-radius: 5px;
      margin-bottom: 10px;
    }
  </style>
</head>
<body>
  <h2>Virtual Tour Page</h2>
  <div class="tour-container">
    <div class="tour-item">
      <img src="tour-image1.jpg" alt="Tour Image 1">
      <p>Description of Tour 1.</p>
    </div>
    <div class="tour-item">
      <img src="tour-image2.jpg" alt="Tour Image 2">
      <p>Description of Tour 2.</p>
    </div>
    <div class="tour-item">
      <img src="tour-image3.jpg" alt="Tour Image 3">
      <p>Description of Tour 3.</p>
    </div>
    <!-- Add more tour items -->
  </div>
</body>
</html>
```

Building a Newsletter Subscription Popup

```
<!DOCTYPE html>
<html>
<head>
  <title>Newsletter Subscription Popup</title>
  <style>
    body {
      font-family: Arial, sans-serif;
      background-color: rgba(0,0,0,0.5);
      color: #fff;
      margin: 0;
      padding: 20px;
      text-align: center;
    }

    .popup {
      position: fixed;
      top: 50%;
      left: 50%;
      transform: translate(-50%, -50%);
      background-color: #007bff;
      color: #fff;
      padding: 20px;
      border-radius: 5px;
      box-shadow: 0 2px 5px rgba(0,0,0,0.3);
    }
```

```
        input[type="email"], input[type="submit"] {
            width: 100%;
            padding: 10px;
            margin-top: 10px;
            border: none;
            border-radius: 5px;
            box-sizing: border-box;
        }

        input[type="submit"] {
            background-color: #fff;
            color: #007bff;
            cursor: pointer;
        }
    </style>
</head>
<body>
    <div class="popup">
        <h2>Subscribe to Our Newsletter</h2>
        <p>Get updates and exclusive offers!</p>
        <form action="/subscribe" method="post">
            <input type="email" name="email" placeholder="Enter your email"
required><br>
            <input type="submit" value="Subscribe">
        </form>
    </div>
</body>
</html>
```

Implementing Infinite Scrolling

```
<!DOCTYPE html>
<html>
<head>
  <title>Infinite Scrolling</title>
  <style>
    body {
      font-family: Arial, sans-serif;
      background-color: #f9f9f9;
      color: #333;
      margin: 0;
      padding: 20px;
    }

    #scroll-container {
      max-width: 600px;
      margin: 0 auto;
    }

    .item {
      border: 1px solid #ddd;
      border-radius: 5px;
      padding: 20px;
      margin-bottom: 20px;
      box-shadow: 0 2px 5px rgba(0,0,0,0.1);
    }
  </style>
```

```
</head>

<body>

  <div id="scroll-container">

    <div class="item">Item 1</div>

    <div class="item">Item 2</div>

    <div class="item">Item 3</div>

    <!-- Add more items -->

  </div>


  <script>

    var page = 1;


    window.addEventListener('scroll', function() {

      if (window.innerHeight + window.scrollY >=
document.body.offsetHeight) {

        loadMoreItems();

      }

    });


    function loadMoreItems() {

      // Simulate fetching more items (e.g., using AJAX)

      page++;

      for (var i = 1; i <= 3; i++) {

        var newItem = document.createElement('div');

        newItem.className = 'item';

        newItem.textContent = 'Item ' + (page * 3 + i);

        document.getElementById('scroll-container').appendChild(newItem);

      }
```

```
    }
  </script>
</body>
</html>
```

Making a Responsive Image Gallery

```
<!DOCTYPE html>
<html>
<head>
  <title>Responsive Image Gallery</title>
  <style>
    body {
      font-family: Arial, sans-serif;
      background-color: #f9f9f9;
      color: #333;
      margin: 0;
      padding: 20px;
    }

    .image-gallery {
      display: grid;
      grid-template-columns: repeat(auto-fit, minmax(200px, 1fr));
      grid-gap: 20px;
    }

    img {
      width: 100%;
      height: auto;
```

```
        border-radius: 5px;
      }
  </style>
</head>
<body>
  <div class="image-gallery">
    <img src="gallery-image1.jpg" alt="Image 1">
    <img src="gallery-image2.jpg" alt="Image 2">
    <img src="gallery-image3.jpg" alt="Image 3">
    <!-- Add more images -->
  </div>
</body>
</html>
```

Creating a Mobile-friendly Navigation

```
<!DOCTYPE html>
<html>
<head>
  <title>Mobile-friendly Navigation</title>
  <style>
    body {
      font-family: Arial, sans-serif;
      background-color: #f9f9f9;
      color: #333;
      margin: 0;
      padding: 20px;
    }
```

```
    .mobile-nav {
      display: none;
      width: 100%;
      background-color: #007bff;
      color: #fff;
      text-align: center;
      padding: 10px 0;
      position: fixed;
      bottom: 0;
      left: 0;
    }

    @media (max-width: 768px) {
      .mobile-nav {
        display: block;
      }

      .desktop-nav {
        display: none;
      }
    }
  </style>
</head>
<body>
  <div class="desktop-nav">
    <!-- Desktop navigation menu -->
  </div>
```

```
  <div class="mobile-nav">
    <!-- Mobile-friendly navigation menu -->
  </div>
</body>
</html>
```

Designing a Pricing Plan Comparison

```
<!DOCTYPE html>
<html>
<head>
  <title>Pricing Plan Comparison</title>
  <style>
    body {
      font-family: Arial, sans-serif;
      background-color: #f9f9f9;
      color: #333;
      margin: 0;
      padding: 20px;
    }

    .pricing-table {
      display: flex;
      justify-content: center;
      align-items: flex-start;
      gap: 20px;
    }

    .plan {
```

```
    border: 1px solid #ddd;
    border-radius: 5px;
    padding: 20px;
    box-shadow: 0 2px 5px rgba(0,0,0,0.1);
    text-align: center;
}

.plan h3 {
    color: #007bff;
}

.plan ul {
    list-style: none;
    padding: 0;
}

.plan li {
    margin-bottom: 10px;
}

.plan .button {
    display: block;
    padding: 10px 20px;
    background-color: #007bff;
    color: #fff;
    text-decoration: none;
    border-radius: 5px;
    margin-top: 20px;
```

```
        }
    </style>
</head>
<body>
    <div class="pricing-table">
        <div class="plan">
            <h3>Basic</h3>
            <ul>
                <li>Feature 1</li>
                <li>Feature 2</li>
                <li>Feature 3</li>
            </ul>
            <a href="#" class="button">Get Started</a>
        </div>
        <div class="plan">
            <h3>Pro</h3>
            <ul>
                <li>Feature 1</li>
                <li>Feature 2</li>
                <li>Feature 3</li>
                <li>Feature 4</li>
            </ul>
            <a href="#" class="button">Get Started</a>
        </div>
        <div class="plan">
            <h3>Enterprise</h3>
            <ul>
                <li>Feature 1</li>
```

```
            <li>Feature 2</li>
            <li>Feature 3</li>
            <li>Feature 4</li>
            <li>Feature 5</li>
        </ul>
        <a href="#" class="button">Get Started</a>
    </div>
  </div>
</body>
</html>
```

Building a Cryptocurrency Price Tracker

```
<!DOCTYPE html>
<html>
<head>
  <title>Cryptocurrency Price Tracker</title>
  <style>
    body {
      font-family: Arial, sans-serif;
      background-color: #f9f9f9;
      color: #333;
      margin: 0;
      padding: 20px;
      text-align: center;
    }

    table {
      width: 100%;
```

```
            border-collapse: collapse;
            margin-top: 20px;
        }

        th, td {
            padding: 10px;
            border-bottom: 1px solid #ddd;
        }

        th {
            background-color: #007bff;
            color: #fff;
        }
    </style>
</head>
<body>
    <h2>Cryptocurrency Price Tracker</h2>
    <table>
        <thead>
            <tr>
                <th>Cryptocurrency</th>
                <th>Price (USD)</th>
                <th>Change (24h)</th>
            </tr>
        </thead>
        <tbody>
            <tr>
                <td>Bitcoin</td>
```

```
            <td>$60,000</td>
            <td>+5%</td>
        </tr>
        <tr>
            <td>Ethereum</td>
            <td>$3,000</td>
            <td>+7%</td>
        </tr>
        <!-- Add more cryptocurrencies -->
    </tbody>
  </table>
</body>
</html>
```

Implementing Custom Fonts

```
<!DOCTYPE html>
<html>
<head>
  <title>Custom Fonts</title>
  <style>
    body {
        font-family: 'Open Sans', Arial, sans-serif;
        background-color: #f9f9f9;
        color: #333;
        margin: 0;
        padding: 20px;
        text-align: center;
    }
```

```
    h2 {
        font-family: 'Roboto', Arial, sans-serif;
        color: #007bff;
    }
  </style>
  <link
href="https://fonts.googleapis.com/css2?family=Roboto:wght@400;700&display
=swap" rel="stylesheet">
</head>
<body>
  <h2>Custom Fonts Example</h2>
  <p>This text uses custom fonts.</p>
</body>
</html>
```

Making a Slideshow

```
<!DOCTYPE html>
<html>
<head>
  <title>Slideshow</title>
  <style>
    body {
        font-family: Arial, sans-serif;
        background-color: #f9f9f9;
        color: #333;
        margin: 0;
        padding: 20px;
```

```
    text-align: center;
}

.slideshow-container {
    position: relative;
    max-width: 600px;
    margin: 0 auto;
}

.slide {
    display: none;
    width: 100%;
    height: 300px;
}

img {
    width: 100%;
    height: 100%;
    object-fit: cover;
}

.prev, .next {
    position: absolute;
    top: 50%;
    transform: translateY(-50%);
    cursor: pointer;
    padding: 10px;
    background-color: rgba(0,0,0,0.5);
```

```
            color: #fff;
            border-radius: 5px;
            font-size: 18px;
        }

        .prev {
            left: 10px;
        }

        .next {
            right: 10px;
        }
    </style>
</head>
<body>
    <h2>Slideshow</h2>
    <div class="slideshow-container">
        <div class="slide">
            <img src="slide1.jpg" alt="Slide 1">
        </div>
        <div class="slide">
            <img src="slide2.jpg" alt="Slide 2">
        </div>
        <div class="slide">
            <img src="slide3.jpg" alt="Slide 3">
        </div>
        <a class="prev" onclick="prevSlide()">&#10094;</a>
        <a class="next" onclick="nextSlide()">&#10095;</a>
```

```
</div>


<script>
  var slideIndex = 0;
  showSlide(slideIndex);


  function prevSlide() {
    showSlide(slideIndex -= 1);
  }


  function nextSlide() {
    showSlide(slideIndex += 1);
  }


  function showSlide(index) {
    var slides = document.getElementsByClassName('slide');
    if (index >= slides.length) {
      slideIndex = 0;
    }
    if (index < 0) {
      slideIndex = slides.length - 1;
    }
    for (var i = 0; i < slides.length; i++) {
      slides[i].style.display = 'none';
    }
    slides[slideIndex].style.display = 'block';
  }
</script>
```

```
</body>

</html>
```

Creating a Chatbot Interface

```
<!DOCTYPE html>

<html>

<head>

  <title>Chatbot Interface</title>

  <style>

    body {

      font-family: Arial, sans-serif;

      background-color: #f9f9f9;

      color: #333;

      margin: 0;

      padding: 20px;

      text-align: center;

    }


    .chat-container {

      max-width: 600px;

      margin: 0 auto;

      border: 1px solid #ddd;

      border-radius: 5px;

      overflow: hidden;

    }


    .chat-messages {

      height: 300px;
```

```
        overflow-y: scroll;
        padding: 10px;
    }

    .user-message {
        text-align: left;
        color: #007bff;
    }

    .bot-message {
        text-align: right;
        color: #555;
    }

    input[type="text"] {
        width: calc(100% - 20px);
        padding: 10px;
        border: 1px solid #ddd;
        border-radius: 5px;
        box-sizing: border-box;
    }

    button {
        padding: 10px 20px;
        background-color: #007bff;
        color: #fff;
        border: none;
        border-radius: 5px;
```

```
        cursor: pointer;
        margin-top: 10px;
      }
  </style>
</head>
<body>
  <div class="chat-container">
    <div class="chat-messages" id="chatMessages">
      <div class="bot-message">Welcome! How can I assist you today?</div>
    </div>
    <input type="text" id="userInput" placeholder="Type your message...">
    <button onclick="sendMessage()">Send</button>
  </div>

  <script>
    function sendMessage() {
      var userInput = document.getElementById('userInput').value;
      if (userInput.trim() === '') return;

      var chatMessages = document.getElementById('chatMessages');
      var userMessageElement = document.createElement('div');
      userMessageElement.className = 'user-message';
      userMessageElement.textContent = userInput;
      chatMessages.appendChild(userMessageElement);

      // Simulate bot response (replace with actual logic)
      setTimeout(function() {
        var botMessageElement = document.createElement('div');
```

```
            botMessageElement.className = 'bot-message';
            botMessageElement.textContent = 'Sorry, I am just a demo chatbot!';
            chatMessages.appendChild(botMessageElement);
            chatMessages.scrollTop = chatMessages.scrollHeight; // Scroll to
bottom
        }, 1000);

        document.getElementById('userInput').value = '';
    }
  </script>
</body>
</html>
```

Designing an FAQ Accordion

```
<!DOCTYPE html>
<html>
<head>
  <title>FAQ Accordion</title>
  <style>
    body {
      font-family: Arial, sans-serif;
      background-color: #f9f9f9;
      color: #333;
      margin: 0;
      padding: 20px;
    }

    .faq-item {
```

```
        border: 1px solid #ddd;
        border-radius: 5px;
        padding: 10px;
        margin-bottom: 10px;
        box-shadow: 0 2px 5px rgba(0,0,0,0.1);
    }

    .question {
        cursor: pointer;
        font-weight: bold;
        color: #007bff;
    }

    .answer {
        display: none;
        padding-top: 10px;
    }
  </style>
</head>
<body>
  <div class="faq-item">
    <div class="question" onclick="toggleAnswer(1)">What is HTML?</div>
    <div class="answer" id="answer1">
        HTML stands for HyperText Markup Language. It is used to structure
content on the web using tags.
    </div>
  </div>
  <div class="faq-item">
```

```
      <div class="question" onclick="toggleAnswer(2)">What is CSS?</div>
      <div class="answer" id="answer2">
        CSS stands for Cascading Style Sheets. It is used to style the appearance
of HTML elements.
      </div>
    </div>
    <!-- Add more FAQ items -->

    <script>
      function toggleAnswer(id) {
        var answer = document.getElementById('answer' + id);
        if (answer.style.display === 'block') {
          answer.style.display = 'none';
        } else {
          answer.style.display = 'block';
        }
      }
    </script>
</body>
</html>
```

Building a Quiz App

```
<!DOCTYPE html>
<html lang="en">
<head>
    <meta charset="UTF-8">
    <meta name="viewport" content="width=device-width, initial-scale=1.0">
```

```
  <title>Quiz App</title>

  <style>

    body {

      font-family: Arial, sans-serif;

      background-color: #f9f9f9;

      color: #333;

      margin: 0;

      padding: 20px;

      text-align: center;

    }


    .quiz-container {

      max-width: 600px;

      margin: 0 auto;

      padding: 20px;

      background-color: #fff;

      border-radius: 5px;

      box-shadow: 0 2px 5px rgba(0,0,0,0.1);

    }


    h2 {

      color: #007bff;

    }


    .question {

      text-align: left;

      margin-bottom: 10px;

    }
```

```
        .options label {
            display: block;
            margin-bottom: 5px;
            cursor: pointer;
        }

        button {
            padding: 10px 20px;
            background-color: #007bff;
            color: #fff;
            border: none;
            border-radius: 5px;
            cursor: pointer;
            margin-top: 20px;
        }
    </style>
</head>
<body>
    <div class="quiz-container">
        <h2>Quiz App</h2>
        <div class="question">
            <p>What is the capital of France?</p>
            <div class="options">
                <label><input type="radio" name="q1" value="a"> Paris</label>
                <label><input type="radio" name="q1" value="b"> London</label>
                <label><input type="radio" name="q1" value="c"> Rome</label>
            </div>
```

```
    </div>

    <button onclick="submitQuiz()">Submit</button>

  </div>


  <script>

    function submitQuiz() {

      // Process quiz submission here

      alert('Quiz submitted!');

    }

  </script>

</body>

</html>
```

Implementing Mouse Hover Effects

```
<!DOCTYPE html>

<html lang="en">

<head>

  <meta charset="UTF-8">

  <meta name="viewport" content="width=device-width, initial-scale=1.0">

  <title>Mouse Hover Effects</title>

  <style>

    body {

      font-family: Arial, sans-serif;

      background-color: #f9f9f9;

      color: #333;

      margin: 0;

      padding: 20px;

      text-align: center;
```

```
    }

    .hover-effect {
      padding: 20px;
      border: 1px solid #007bff;
      border-radius: 5px;
      transition: background-color 0.3s ease;
      cursor: pointer;
    }

    .hover-effect:hover {
      background-color: #007bff;
      color: #fff;
    }
  </style>
</head>
<body>
  <div class="hover-effect">Hover Over Me</div>
</body>
</html>
```

Making a Fullscreen Video Background

```
<!DOCTYPE html>
<html lang="en">
<head>
  <meta charset="UTF-8">
  <meta name="viewport" content="width=device-width, initial-scale=1.0">
  <title>Fullscreen Video Background</title>
```

```
  <style>
    body {
      font-family: Arial, sans-serif;
      margin: 0;
      padding: 0;
      overflow: hidden;
    }

    video {
      position: fixed;
      top: 50%;
      left: 50%;
      min-width: 100%;
      min-height: 100%;
      width: auto;
      height: auto;
      z-index: -100;
      transform: translate(-50%, -50%);
    }
  </style>
</head>
<body>
  <video autoplay muted loop>
    <source src="video.mp4" type="video/mp4">
    Your browser does not support the video tag.
  </video>
</body>
</html>
```

Creating a Download Button

```
<!DOCTYPE html>
<html lang="en">
<head>
  <meta charset="UTF-8">
  <meta name="viewport" content="width=device-width, initial-scale=1.0">
  <title>Download Button</title>
</head>
<body>
  <a href="file.pdf" download>
    <button>Download File</button>
  </a>
</body>
</html>
```

Designing a Contact Form with Google Maps

```
<!DOCTYPE html>
<html lang="en">
<head>
  <meta charset="UTF-8">
  <meta name="viewport" content="width=device-width, initial-scale=1.0">
  <title>Contact Form with Google Maps</title>
</head>
<body>
  <h2>Contact Us</h2>
  <form action="/submit" method="post">
```

```
    <input type="text" name="name" placeholder="Your Name"
required><br><br>
    <input type="email" name="email" placeholder="Your Email"
required><br><br>
    <textarea name="message" placeholder="Your Message"
required></textarea><br><br>
    <button type="submit">Send Message</button>
  </form>
  <div id="map" style="width: 100%; height: 400px; margin-top:
20px;"></div>
  <script>
    function initMap() {
      var location = {lat: 40.7128, lng: -74.0060}; // Coordinates for New York
      var map = new google.maps.Map(document.getElementById('map'), {
        zoom: 12,
        center: location
      });
      var marker = new google.maps.Marker({
        position: location,
        map: map,
        title: 'New York City'
      });
    }
  </script>
  <script async defer
src="https://maps.googleapis.com/maps/api/js?key=YOUR_API_KEY&callback
=initMap"></script>
</body>
```

```
</html>
```

Building a Social Media Feed

```
<!DOCTYPE html>
<html lang="en">
<head>
  <meta charset="UTF-8">
  <meta name="viewport" content="width=device-width, initial-scale=1.0">
  <title>Social Media Feed</title>
  <style>
    body {
      font-family: Arial, sans-serif;
      background-color: #f9f9f9;
      color: #333;
      margin: 0;
      padding: 20px;
    }

    .post {
      border: 1px solid #ddd;
      border-radius: 5px;
      padding: 20px;
      margin-bottom: 20px;
      box-shadow: 0 2px 5px rgba(0,0,0,0.1);
    }
  </style>
</head>
<body>
```

```
  <div class="post">
    <h3>Post Title</h3>
    <p>Post content goes here...</p>
    <a href="#">Read More</a>
  </div>
  <!-- Add more posts -->
</body>
</html>
```

Implementing Image Zoom

```
<!DOCTYPE html>
<html lang="en">
<head>
  <meta charset="UTF-8">
  <meta name="viewport" content="width=device-width, initial-scale=1.0">
  <title>Image Zoom</title>
  <style>
    body {
      font-family: Arial, sans-serif;
      background-color: #f9f9f9;
      color: #333;
      margin: 0;
      padding: 20px;
      text-align: center;
    }

    img {
      width: 200px;
```

```
            height: 200px;
            object-fit: cover;
            transition: transform 0.3s ease;
        }

        img:hover {
            transform: scale(1.2);
        }
    </style>
</head>
<body>
    <img src="image.jpg" alt="Zoomable Image">
</body>
</html>
```

Creating a Sticky Footer

```
<!DOCTYPE html>
<html lang="en">
<head>
    <meta charset="UTF-8">
    <meta name="viewport" content="width=device-width, initial-scale=1.0">
    <title>Sticky Footer</title>
    <style>
        body {
            font-family: Arial, sans-serif;
            background-color: #f9f9f9;
            color: #333;
            margin: 0;
            padding: 0;
```

```
        min-height: 100vh;
        display: flex;
        flex-direction: column;
      }

      .content {
        flex: 1;
        padding: 20px;
      }

      footer {
        background-color: #007bff;
        color: #fff;
        text-align: center;
        padding: 10px 0;
      }
  </style>
</head>
<body>
  <div class="content">
      <!-- Main content goes here -->
  </div>
  <footer>
      <p>&copy; 2024 My Website</p>
  </footer>
</body>
</html>
```

Designing a Feedback Form

```
<!DOCTYPE html>
<html lang="en">
<head>
    <meta charset="UTF-8">
    <meta name="viewport" content="width=device-width, initial-scale=1.0">
    <title>Feedback Form</title>
    <style>
        body {
            font-family: Arial, sans-serif;
            background-color: #f9f9f9;
            color: #333;
            margin: 0;
            padding: 20px;
            text-align: center;
        }

        form {
            max-width: 400px;
            margin: 0 auto;
            padding: 20px;
            background-color: #fff;
            border-radius: 5px;
            box-shadow: 0 2px 5px rgba(0,0,0,0.1);
        }

        input[type="text"], textarea {
            width: 100%;
```

```
        padding: 10px;
        margin-bottom: 10px;
        border: 1px solid #ddd;
        border-radius: 5px;
        box-sizing: border-box;
      }

      button {
        padding: 10px 20px;
        background-color: #007bff;
        color: #fff;
        border: none;
        border-radius: 5px;
        cursor: pointer;
      }
  </style>
</head>
<body>
  <form action="/submit" method="post">
    <h2>Feedback Form</h2>
    <input type="text" name="name" placeholder="Your Name" required><br>
    <input type="email" name="email" placeholder="Your Email"
required><br>
    <textarea name="message" placeholder="Your Feedback" rows="4"
required></textarea><br>
    <button type="submit">Submit</button>
  </form>
</body>
```

```
</html>
```

Building a Newsletter Signup Popup

```
<!DOCTYPE html>
<html lang="en">
<head>
  <meta charset="UTF-8">
  <meta name="viewport" content="width=device-width, initial-scale=1.0">
  <title>Newsletter Signup Popup</title>
  <style>
    body {
      font-family: Arial, sans-serif;
      background-color: rgba(0,0,0,0.5);
      color: #fff;
      margin: 0;
      padding: 20px;
      text-align: center;
    }

    .popup {
      position: fixed;
      top: 50%;
      left: 50%;
      transform: translate(-50%, -50%);
      background-color: #007bff;
      color: #fff;
      padding: 20px;
      border-radius: 5px;
      box-shadow: 0 2px 5px rgba(0,0,0,0.3);
```

```
        }

        input[type="email"], input[type="submit"] {
            width: 100%;
            padding: 10px;
            margin-top: 10px;
            border: none;
            border-radius: 5px;
            box-sizing: border-box;
        }

        input[type="submit"] {
            background-color: #fff;
            color: #007bff;
            cursor: pointer;
        }
    </style>
</head>
<body>
    <div class="popup">
        <h2>Subscribe to Our Newsletter</h2>
        <p>Get updates and exclusive offers!</p>
        <form action="/subscribe" method="post">
            <input type="email" name="email" placeholder="Enter your email"
required><br>
            <input type="submit" value="Subscribe">
        </form>
    </div>
```

```
</body>

</html>
```

Making a Cookie Consent Banner

```
<!DOCTYPE html>
<html lang="en">
<head>
  <meta charset="UTF-8">
  <meta name="viewport" content="width=device-width, initial-scale=1.0">
  <title>Cookie Consent Banner</title>
  <style>
    body {
      font-family: Arial, sans-serif;
      background-color: #f9f9f9;
      color: #333;
      margin: 0;
      padding: 20px;
      text-align: center;
    }

    .cookie-banner {
      position: fixed;
      bottom: 0;
      left: 0;
      width: 100%;
      background-color: rgba(0,0,0,0.8);
      color: #fff;
      padding: 10px 20px;
```

```
        }

        button {
            background-color: #007bff;
            color: #fff;
            padding: 5px 10px;
            border: none;
            border-radius: 3px;
            cursor: pointer;
        }
    </style>
</head>
<body>
    <div class="cookie-banner">
        <p>This website uses cookies to ensure you get the best experience. <button
onclick="acceptCookies()">Got it!</button></p>
    </div>

    <script>
        function acceptCookies() {
            // Set cookie or perform other actions
            alert('Cookies accepted!');
            document.querySelector('.cookie-banner').style.display = 'none';
        }
    </script>
</body>
</html>
```

Implementing a Dark Mode Toggle

```
<!DOCTYPE html>
<html lang="en">
<head>
  <meta charset="UTF-8">
  <meta name="viewport" content="width=device-width, initial-scale=1.0">
  <title>Dark Mode Toggle</title>
  <style>
    body {
      font-family: Arial, sans-serif;
      background-color: #f9f9f9;
      color: #333;
      margin: 0;
      padding: 20px;
      transition: background-color 0.3s ease, color 0.3s ease;
    }

    .dark-mode {
      background-color: #333;
      color: #fff;
    }

    button {
      padding: 10px 20px;
      background-color: #007bff;
      color: #fff;
      border: none;
      border-radius: 5px;
```

```
        cursor: pointer;
      }
  </style>
</head>
<body>
  <button onclick="toggleDarkMode()">Toggle Dark Mode</button>

  <script>
    function toggleDarkMode() {
      document.body.classList.toggle('dark-mode');
    }
  </script>
</body>
</html>
```

Creating a Subscription Pricing Page

```
<!DOCTYPE html>
<html lang="en">
<head>
  <meta charset="UTF-8">
  <meta name="viewport" content="width=device-width, initial-scale=1.0">
  <title>Subscription Pricing Page</title>
  <style>
    body {
      font-family: Arial, sans-serif;
      background-color: #f9f9f9;
      color: #333;
      margin: 0;
```

```
        padding: 20px;
        text-align: center;
    }

    .pricing-container {
        display: flex;
        justify-content: center;
        align-items: center;
        gap: 20px;
        margin-top: 50px;
    }

    .plan {
        padding: 20px;
        border: 1px solid #ddd;
        border-radius: 5px;
        flex: 1;
        max-width: 300px;
        box-shadow: 0 2px 5px rgba(0,0,0,0.1);
    }

    .plan h2 {
        color: #007bff;
    }

    .plan p {
        margin-top: 20px;
    }
```

```
        button {
            padding: 10px 20px;
            background-color: #007bff;
            color: #fff;
            border: none;
            border-radius: 5px;
            cursor: pointer;
            margin-top: 20px;
        }
    </style>
</head>
<body>
    <div class="pricing-container">
        <div class="plan">
            <h2>Basic</h2>
            <p>$9.99/month</p>
            <p>Access to basic features</p>
            <button>Subscribe</button>
        </div>
        <div class="plan">
            <h2>Pro</h2>
            <p>$19.99/month</p>
            <p>Access to pro features</p>
            <button>Subscribe</button>
        </div>
        <div class="plan">
            <h2>Premium</h2>
```

```
            <p>$29.99/month</p>
            <p>Access to premium features</p>
            <button>Subscribe</button>
        </div>
    </div>
</body>
</html>
```

Designing an Animated Navigation Menu

```
<!DOCTYPE html>
<html lang="en">
<head>
    <meta charset="UTF-8">
    <meta name="viewport" content="width=device-width, initial-scale=1.0">
    <title>Animated Navigation Menu</title>
    <style>
        body {
            font-family: Arial, sans-serif;
            background-color: #f9f9f9;
            color: #333;
            margin: 0;
            padding: 20px;
        }

        nav {
            display: flex;
            justify-content: center;
            align-items: center;
```

```
        }

        ul {
            list-style-type: none;
            display: flex;
            gap: 20px;
        }

        li {
            padding: 10px;
            border-radius: 5px;
            transition: background-color 0.3s ease, color 0.3s ease;
            cursor: pointer;
        }

        li:hover {
            background-color: #007bff;
            color: #fff;
        }
    </style>
</head>
<body>
    <nav>
        <ul>
            <li>Home</li>
            <li>About</li>
            <li>Services</li>
            <li>Contact</li>
```

```
    </ul>
  </nav>
</body>
</html>
```

Building a Credit Card Payment Form

```
<!DOCTYPE html>
<html lang="en">
<head>
  <meta charset="UTF-8">
  <meta name="viewport" content="width=device-width, initial-scale=1.0">
  <title>Credit Card Payment Form</title>
  <style>
    body {
      font-family: Arial, sans-serif;
      background-color: #f9f9f9;
      color: #333;
      margin: 0;
      padding: 20px;
      text-align: center;
    }

    form {
      max-width: 400px;
      margin: 0 auto;
      padding: 20px;
      background-color: #fff;
      border-radius: 5px;
```

```
        box-shadow: 0 2px 5px rgba(0,0,0,0.1);
    }

    input[type="text"], input[type="number"], select, button {
        width: 100%;
        padding: 10px;
        margin-top: 10px;
        border: 1px solid #ddd;
        border-radius: 5px;
        box-sizing: border-box;
    }

    button {
        background-color: #007bff;
        color: #fff;
        border: none;
        border-radius: 5px;
        cursor: pointer;
    }
  </style>
</head>
<body>
  <form action="/submit-payment" method="post">
    <input type="text" name="cardholderName" placeholder="Cardholder
Name" required><br>
    <input type="text" name="cardNumber" placeholder="Card Number"
required><br>
    <select name="expiryMonth" required>
```

```
        <option value="">Expiry Month</option>
        <!-- Add month options here -->
      </select>
      <select name="expiryYear" required>
        <option value="">Expiry Year</option>
        <!-- Add year options here -->
      </select>
      <input type="number" name="cvv" placeholder="CVV" required><br>
      <button type="submit">Pay Now</button>
    </form>
</body>
</html>
```

Implementing a 404 Error Page

```
<!DOCTYPE html>
<html lang="en">
<head>
  <meta charset="UTF-8">
  <meta name="viewport" content="width=device-width, initial-scale=1.0">
  <title>404 Error - Page Not Found</title>
  <style>
    body {
      font-family: Arial, sans-serif;
      background-color: #f9f9f9;
      color: #333;
      margin: 0;
      padding: 20px;
      text-align: center;
```

```
    }

    h1 {
      font-size: 48px;
      color: #007bff;
      margin-bottom: 20px;
    }

    p {
      font-size: 18px;
    }
  </style>
</head>
<body>
  <h1>404 Error - Page Not Found</h1>
  <p>The page you are looking for might have been removed or is temporarily
unavailable.</p>
</body>
</html>
```

Creating a Countdown Clock

```
<!DOCTYPE html>
<html lang="en">
<head>
  <meta charset="UTF-8">
  <meta name="viewport" content="width=device-width, initial-scale=1.0">
  <title>Countdown Clock</title>
  <style>
```

```
        body {
            font-family: Arial, sans-serif;
            background-color: #f9f9f9;
            color: #333;
            margin: 0;
            padding: 20px;
            text-align: center;
        }

        #countdown {
            font-size: 36px;
            margin-bottom: 20px;
        }
    </style>
</head>
<body>
    <div id="countdown"></div>

    <script>
        var countDownDate = new Date("May 1, 2024 00:00:00").getTime();

        var x = setInterval(function() {
            var now = new Date().getTime();
            var distance = countDownDate - now;

            var days = Math.floor(distance / (1000 * 60 * 60 * 24));
            var hours = Math.floor((distance % (1000 * 60 * 60 * 24)) / (1000 * 60 *
60));
```

```
        var minutes = Math.floor((distance % (1000 * 60 * 60)) / (1000 * 60));
        var seconds = Math.floor((distance % (1000 * 60)) / 1000);

        document.getElementById("countdown").innerHTML = days + "d " +
hours + "h "
        + minutes + "m " + seconds + "s ";

        if (distance < 0) {
          clearInterval(x);
          document.getElementById("countdown").innerHTML = "EXPIRED";
        }
      }, 1000);
  </script>
</body>
</html>
```

Designing a Coming Soon Page

```
<!DOCTYPE html>
<html lang="en">
<head>
  <meta charset="UTF-8">
  <meta name="viewport" content="width=device-width, initial-scale=1.0">
  <title>Coming Soon</title>
  <style>
    body {
        font-family: Arial, sans-serif;
        background-color: #007bff;
        color: #fff;
```

```
        margin: 0;
        padding: 20px;
        text-align: center;
    }

    h1 {
        font-size: 48px;
        margin-bottom: 20px;
    }

    p {
        font-size: 24px;
        margin-bottom: 40px;
    }
  </style>
</head>
<body>
  <h1>Coming Soon</h1>
  <p>Our new website is under construction. Stay tuned!</p>
</body>
</html>
```

Building a Weather Forecast Widget

```
<!DOCTYPE html>
<html lang="en">
<head>
  <meta charset="UTF-8">
  <meta name="viewport" content="width=device-width, initial-scale=1.0">
```

```
  <title>Weather Forecast Widget</title>
  <style>
    body {
      font-family: Arial, sans-serif;
      background-color: #f9f9f9;
      color: #333;
      margin: 0;
      padding: 20px;
      text-align: center;
    }

    .weather-widget {
      max-width: 300px;
      margin: 0 auto;
      padding: 20px;
      background-color: #fff;
      border-radius: 5px;
      box-shadow: 0 2px 5px rgba(0,0,0,0.1);
    }

    h2 {
      color: #007bff;
    }
  </style>
</head>
<body>
  <div class="weather-widget">
    <h2>Weather Forecast</h2>
```

```
        <p>Today: Sunny</p>
        <p>Temperature: 25°C</p>
        <p>Humidity: 50%</p>
    </div>
</body>
</html>
```

Implementing a File Upload Form

```
<!DOCTYPE html>
<html lang="en">
<head>
    <meta charset="UTF-8">
    <meta name="viewport" content="width=device-width, initial-scale=1.0">
    <title>File Upload Form</title>
    <style>
        body {
            font-family: Arial, sans-serif;
            background-color: #f9f9f9;
            color: #333;
            margin: 0;
            padding: 20px;
            text-align: center;
        }

        form {
            max-width: 400px;
            margin: 0 auto;
            padding: 20px;
```

```
            background-color: #fff;
            border-radius: 5px;
            box-shadow: 0 2px 5px rgba(0,0,0,0.1);
        }

        input[type="file"], button {
            width: 100%;
            padding: 10px;
            margin-top: 10px;
            border: 1px solid #ddd;
            border-radius: 5px;
            box-sizing: border-box;
        }

        button {
            background-color: #007bff;
            color: #fff;
            border: none;
            border-radius: 5px;
            cursor: pointer;
        }
    </style>
</head>
<body>
    <form action="/upload" method="post" enctype="multipart/form-data">
        <input type="file" name="file" required><br>
        <button type="submit">Upload</button>
    </form>
```

```
</body>

</html>
```

Making a Progress Tracker

```
<!DOCTYPE html>
<html lang="en">
<head>
  <meta charset="UTF-8">
  <meta name="viewport" content="width=device-width, initial-scale=1.0">
  <title>Progress Tracker</title>
  <style>
    body {
      font-family: Arial, sans-serif;
      background-color: #f9f9f9;
      color: #333;
      margin: 0;
      padding: 20px;
      text-align: center;
    }

    .progress {
      width: 80%;
      max-width: 400px;
      margin: 0 auto;
      padding: 20px;
      background-color: #fff;
      border-radius: 5px;
      box-shadow: 0 2px 5px rgba(0,0,0,0.1);
```

```
        }

        .progress-bar {
            height: 30px;
            background-color: #007bff;
            border-radius: 5px;
            width: 50%; /* Change width to indicate progress */
            transition: width 0.3s ease;
        }
    </style>
</head>
<body>
    <div class="progress">
        <div class="progress-bar"></div>
    </div>
</body>
</html>
```

Creating a Lightbox Gallery

```
<!DOCTYPE html>
<html lang="en">
<head>
    <meta charset="UTF-8">
    <meta name="viewport" content="width=device-width, initial-scale=1.0">
    <title>Lightbox Gallery</title>
    <style>
        body {
            font-family: Arial, sans-serif;
```

```
    background-color: #f9f9f9;
    color: #333;
    margin: 0;
    padding: 20px;
    text-align: center;
}

.gallery {
    display: grid;
    grid-template-columns: repeat(auto-fit, minmax(200px, 1fr));
    gap: 10px;
}

.gallery img {
    width: 100%;
    height: auto;
    border-radius: 5px;
    cursor: pointer;
    transition: transform 0.3s ease;
}

.gallery img:hover {
    transform: scale(1.1);
}

.lightbox {
    display: none;
    position: fixed;
```

```
        top: 0;
        left: 0;
        width: 100%;
        height: 100%;
        background-color: rgba(0,0,0,0.9);
        z-index: 999;
      }

      .lightbox img {
        max-width: 80%;
        max-height: 80%;
        position: absolute;
        top: 50%;
        left: 50%;
        transform: translate(-50%, -50%);
      }
   </style>
</head>
<body>
   <div class="gallery">
      <img src="image1.jpg" alt="Image 1"
onclick="openLightbox('image1.jpg')">
      <img src="image2.jpg" alt="Image 2"
onclick="openLightbox('image2.jpg')">
      <img src="image3.jpg" alt="Image 3"
onclick="openLightbox('image3.jpg')">
      <!-- Add more images here -->
   </div>
```

```
  <div class="lightbox" onclick="closeLightbox()">
    <img id="lightbox-img">
  </div>

  <script>
    function openLightbox(imageSrc) {
      document.getElementById('lightbox-img').src = imageSrc;
      document.querySelector('.lightbox').style.display = 'block';
    }

    function closeLightbox() {
      document.querySelector('.lightbox').style.display = 'none';
    }
  </script>
</body>
</html>
```

Designing a Team Section

```
<!DOCTYPE html>
<html lang="en">
<head>
  <meta charset="UTF-8">
  <meta name="viewport" content="width=device-width, initial-scale=1.0">
  <title>Team Section</title>
  <style>
    body {
      font-family: Arial, sans-serif;
```

```
        background-color: #f9f9f9;
        color: #333;
        margin: 0;
        padding: 20px;
        text-align: center;
    }

    .team {
        display: flex;
        justify-content: center;
        align-items: center;
        gap: 20px;
        flex-wrap: wrap;
    }

    .team-member {
        max-width: 200px;
        padding: 20px;
        background-color: #fff;
        border-radius: 5px;
        box-shadow: 0 2px 5px rgba(0,0,0,0.1);
    }

    .team-member img {
        width: 100%;
        border-radius: 50%;
    }
```

```
        .team-member h3 {
            margin-top: 10px;
            color: #007bff;
        }
    </style>
</head>
<body>
    <div class="team">
        <div class="team-member">
            <img src="team1.jpg" alt="Team Member 1">
            <h3>John Doe</h3>
            <p>Developer</p>
        </div>
        <div class="team-member">
            <img src="team2.jpg" alt="Team Member 2">
            <h3>Jane Smith</h3>
            <p>Designer</p>
        </div>
        <!-- Add more team members here -->
    </div>
</body>
</html>
```

Building a Job Application Form

```
<!DOCTYPE html>
<html lang="en">
<head>
    <meta charset="UTF-8">
```

```
<meta name="viewport" content="width=device-width, initial-scale=1.0">
<title>Job Application Form</title>
<style>
  body {
    font-family: Arial, sans-serif;
    background-color: #f9f9f9;
    color: #333;
    margin: 0;
    padding: 20px;
    text-align: center;
  }

  form {
    max-width: 400px;
    margin: 0 auto;
    padding: 20px;
    background-color: #fff;
    border-radius: 5px;
    box-shadow: 0 2px 5px rgba(0,0,0,0.1);
  }

  input[type="text"], input[type="email"], textarea, button {
    width: 100%;
    padding: 10px;
    margin-top: 10px;
    border: 1px solid #ddd;
    border-radius: 5px;
    box-sizing: border-box;
```

```
    }

    button {
        background-color: #007bff;
        color: #fff;
        border: none;
        border-radius: 5px;
        cursor: pointer;
    }
  </style>
</head>
<body>
  <form action="/apply" method="post">
    <input type="text" name="fullName" placeholder="Full Name"
required><br>
    <input type="email" name="email" placeholder="Email" required><br>
    <textarea name="coverLetter" placeholder="Cover Letter" rows="4"
required></textarea><br>
    <button type="submit">Apply Now</button>
  </form>
</body>
</html>
```

Implementing Smooth Scrolling

```
<!DOCTYPE html>
<html lang="en">
<head>
  <meta charset="UTF-8">
```

```
    <meta name="viewport" content="width=device-width, initial-scale=1.0">
    <title>Smooth Scrolling</title>
    <style>
        body {
            font-family: Arial, sans-serif;
            background-color: #f9f9f9;
            color: #333;
            margin: 0;
            padding: 20px;
            text-align: center;
        }

        nav {
            position: fixed;
            top: 0;
            left: 0;
            width: 100%;
            background-color: #007bff;
            color: #fff;
            padding: 10px 20px;
            z-index: 999;
        }

        nav a {
            color: #fff;
            text-decoration: none;
            margin-right: 20px;
        }
```

```
        section {
            height: 100vh;
            display: flex;
            justify-content: center;
            align-items: center;
            font-size: 36px;
        }
    </style>
</head>
<body>
    <nav>
        <a href="#section1">Section 1</a>
        <a href="#section2">Section 2</a>
        <a href="#section3">Section 3</a>
    </nav>

    <section id="section1" style="background-color: #f8f9fa;">Section
1</section>
    <section id="section2" style="background-color: #dee2e6;">Section
2</section>
    <section id="section3" style="background-color: #ced4da;">Section
3</section>

    <script>
        document.querySelectorAll('a[href^="#"]').forEach(anchor => {
            anchor.addEventListener('click', function(e) {
                e.preventDefault();
```

```
            document.querySelector(this.getAttribute('href')).scrollIntoView({
                behavior: 'smooth'
            });
        });
    });
  </script>
</body>
</html>
```

Making a Sticky Sidebar

```
<!DOCTYPE html>
<html lang="en">
<head>
  <meta charset="UTF-8">
  <meta name="viewport" content="width=device-width, initial-scale=1.0">
  <title>Sticky Sidebar</title>
  <style>
    body {
      font-family: Arial, sans-serif;
      background-color: #f9f9f9;
      color: #333;
      margin: 0;
      padding: 20px;
      display: flex;
      gap: 20px;
    }
```

```
    .sidebar {
      width: 200px;
      padding: 20px;
      background-color: #fff;
      border-radius: 5px;
      box-shadow: 0 2px 5px rgba(0,0,0,0.1);
      position: sticky;
      top: 20px;
    }

    .content {
      flex: 1;
      background-color: #fff;
      padding: 20px;
      border-radius: 5px;
      box-shadow: 0 2px 5px rgba(0,0,0,0.1);
    }
  </style>
</head>
<body>
  <div class="sidebar">
    <h3>Sidebar</h3>
    <p>This is a sticky sidebar.</p>
  </div>

  <div class="content">
    <h1>Main Content</h1>
```

```
    <p>Lorem ipsum dolor sit amet, consectetur adipiscing elit. Nullam nec semper odio.</p>
    <p>Quisque in urna eget est consequat fermentum.</p>
  </div>
</body>
</html>
```

Creating a Testimonial Carousel

```
<!DOCTYPE html>
<html lang="en">
<head>
  <meta charset="UTF-8">
  <meta name="viewport" content="width=device-width, initial-scale=1.0">
  <title>Testimonial Carousel</title>
  <style>
    body {
      font-family: Arial, sans-serif;
      background-color: #f9f9f9;
      color: #333;
      margin: 0;
      padding: 20px;
      text-align: center;
    }

    .carousel {
      max-width: 600px;
      margin: 0 auto;
      overflow: hidden;
```

```
        position: relative;
    }

    .slide {
        display: none;
        width: 100%;
        transition: transform 0.3s ease;
    }

    button {
        background-color: #007bff;
        color: #fff;
        border: none;
        border-radius: 5px;
        padding: 10px 20px;
        cursor: pointer;
        margin-top: 20px;
    }
  </style>
</head>
<body>
  <div class="carousel">
    <div class="slide" style="display: block;">
      <h2>John Doe</h2>
      <p>"Lorem ipsum dolor sit amet, consectetur adipiscing elit."</p>
    </div>
    <div class="slide">
      <h2>Jane Smith</h2>
```

```
        <p>"Pellentesque habitant morbi tristique senectus et netus et malesuada
fames ac turpis egestas."</p>
      </div>
      <!-- Add more slides here -->

      <button onclick="prevSlide()">Previous</button>
      <button onclick="nextSlide()">Next</button>
    </div>

    <script>
      var slideIndex = 0;
      showSlide(slideIndex);

      function prevSlide() {
        showSlide(slideIndex -= 1);
      }

      function nextSlide() {
        showSlide(slideIndex += 1);
      }

      function showSlide(n) {
        var slides = document.getElementsByClassName('slide');
        if (n >= slides.length) { slideIndex = 0; }
        if (n < 0) { slideIndex = slides.length - 1; }
        for (var i = 0; i < slides.length; i++) {
          slides[i].style.display = 'none';
        }
```

```
        slides[slideIndex].style.display = 'block';
    }
  </script>
</body>
</html>
```

Designing a Portfolio Grid

```
<!DOCTYPE html>
<html lang="en">
<head>
  <meta charset="UTF-8">
  <meta name="viewport" content="width=device-width, initial-scale=1.0">
  <title>Portfolio Grid</title>
  <style>
    body {
      font-family: Arial, sans-serif;
      background-color: #f9f9f9;
      color: #333;
      margin: 0;
      padding: 20px;
    }

    .portfolio {
      display: grid;
      grid-template-columns: repeat(auto-fill, minmax(200px, 1fr));
      gap: 20px;
    }
```

```
    .portfolio-item {
      max-width: 100%;
      height: auto;
      border-radius: 5px;
      overflow: hidden;
      box-shadow: 0 2px 5px rgba(0,0,0,0.1);
    }

    .portfolio-item img {
      width: 100%;
      height: auto;
      transition: transform 0.3s ease;
    }

    .portfolio-item img:hover {
      transform: scale(1.1);
    }
  </style>
</head>
<body>
  <div class="portfolio">
    <div class="portfolio-item">
      <img src="portfolio1.jpg" alt="Portfolio Item 1">
    </div>
    <div class="portfolio-item">
      <img src="portfolio2.jpg" alt="Portfolio Item 2">
    </div>
    <div class="portfolio-item">
```

```
        <img src="portfolio3.jpg" alt="Portfolio Item 3">
      </div>
      <!-- Add more portfolio items here -->
    </div>
</body>
</html>
```

Building a Blog Post Layout

```
<!DOCTYPE html>
<html lang="en">
<head>
    <meta charset="UTF-8">
    <meta name="viewport" content="width=device-width, initial-scale=1.0">
    <title>Blog Post Layout</title>
    <style>
        body {
            font-family: Arial, sans-serif;
            background-color: #f9f9f9;
            color: #333;
            margin: 0;
            padding: 20px;
            text-align: justify;
        }

        .post {
            max-width: 800px;
            margin: 0 auto;
            background-color: #fff;
```

```
        padding: 20px;
        border-radius: 5px;
        box-shadow: 0 2px 5px rgba(0,0,0,0.1);
    }

    .post img {
        width: 100%;
        height: auto;
        border-radius: 5px;
        margin-bottom: 20px;
    }
  </style>
</head>
<body>
  <div class="post">
    <h1>Blog Post Title</h1>
    <img src="blog-image.jpg" alt="Blog Image">
    <p>Lorem ipsum dolor sit amet, consectetur adipiscing elit. Sed fringilla risus nec ligula iaculis, at pretium nunc mollis.</p>
    <p>Quisque in urna eget est consequat fermentum. Pellentesque habitant morbi tristique senectus et netus et malesuada fames ac turpis egestas.</p>
  </div>
</body>
</html>
```

Implementing a Search Bar

```
<!DOCTYPE html>
<html lang="en">
```

```
<head>
    <meta charset="UTF-8">
    <meta name="viewport" content="width=device-width, initial-scale=1.0">
    <title>Search Bar</title>
    <style>
        body {
            font-family: Arial, sans-serif;
            background-color: #f9f9f9;
            color: #333;
            margin: 0;
            padding: 20px;
            text-align: center;
        }

        input[type="text"] {
            width: 300px;
            padding: 10px;
            border: 1px solid #ddd;
            border-radius: 5px;
            box-sizing: border-box;
        }

        button {
            background-color: #007bff;
            color: #fff;
            border: none;
            border-radius: 5px;
            padding: 10px 20px;
```

```
        cursor: pointer;
        margin-top: 10px;
    }
  </style>
</head>
<body>
  <form action="/search" method="get">
    <input type="text" name="query" placeholder="Search...">
    <button type="submit">Search</button>
  </form>
</body>
</html>
```

Making a Responsive Image Carousel

```
<!DOCTYPE html>
<html lang="en">
<head>
  <meta charset="UTF-8">
  <meta name="viewport" content="width=device-width, initial-scale=1.0">
  <title>Responsive Image Carousel</title>
  <style>
    body {
      font-family: Arial, sans-serif;
      background-color: #f9f9f9;
      color: #333;
      margin: 0;
      padding: 20px;
      text-align: center;
```

```
}

.carousel {
  max-width: 600px;
  margin: 0 auto;
  overflow: hidden;
  position: relative;
}

.slides {
  display: flex;
  transition: transform 0.5s ease;
}

.slide {
  flex: 0 0 100%;
  max-width: 100%;
}

img {
  width: 100%;
  height: auto;
}

button {
  background-color: #007bff;
  color: #fff;
  border: none;
```

```
        border-radius: 5px;
        padding: 10px 20px;
        cursor: pointer;
        margin-top: 10px;
      }
  </style>
</head>
<body>
  <div class="carousel">
    <div class="slides">
      <div class="slide">
        <img src="slide1.jpg" alt="Slide 1">
      </div>
      <div class="slide">
        <img src="slide2.jpg" alt="Slide 2">
      </div>
      <div class="slide">
        <img src="slide3.jpg" alt="Slide 3">
      </div>
      <!-- Add more slides here -->
    </div>
  </div>

  <button onclick="prevSlide()">Previous</button>
  <button onclick="nextSlide()">Next</button>

  <script>
    var slideIndex = 0;
```

```
      showSlide(slideIndex);

      function prevSlide() {
         showSlide(slideIndex -= 1);
      }

      function nextSlide() {
         showSlide(slideIndex += 1);
      }

      function showSlide(n) {
         var slides = document.querySelectorAll('.slide');
         if (n >= slides.length) { slideIndex = 0; }
         if (n < 0) { slideIndex = slides.length - 1; }
         slides.forEach(slide => {
            slide.style.transform = `translateX(${-slideIndex * 100}%)`;
         });
      }
   </script>
</body>
</html>
```

Creating a Credit Card Validation Form

```
<!DOCTYPE html>
<html lang="en">
<head>
   <meta charset="UTF-8">
   <meta name="viewport" content="width=device-width, initial-scale=1.0">
```

```
  <title>Credit Card Validation Form</title>

  <style>

    body {

      font-family: Arial, sans-serif;

      background-color: #f9f9f9;

      color: #333;

      margin: 0;

      padding: 20px;

      text-align: center;

    }


    input[type="text"], input[type="number"], select, button {

      width: 300px;

      padding: 10px;

      margin-top: 10px;

      border: 1px solid #ddd;

      border-radius: 5px;

      box-sizing: border-box;

    }


    button {

      background-color: #007bff;

      color: #fff;

      border: none;

      border-radius: 5px;

      padding: 10px 20px;

      cursor: pointer;

      margin-top: 20px;
```

```
        }
    </style>
</head>
<body>
    <form action="/payment" method="post">
        <input type="text" name="cardholderName" placeholder="Cardholder
Name" required><br>
        <input type="text" name="cardNumber" placeholder="Card Number"
required><br>
        <select name="expiryMonth" required>
            <option value="" disabled selected>Expiry Month</option>
            <!-- Add month options here -->
        </select>
        <select name="expiryYear" required>
            <option value="" disabled selected>Expiry Year</option>
            <!-- Add year options here -->
        </select><br>
        <input type="number" name="cvv" placeholder="CVV" required><br>
        <button type="submit">Pay Now</button>
    </form>
</body>
</html>
```

Designing a Subscription Confirmation Page

```
<!DOCTYPE html>
<html lang="en">
<head>
    <meta charset="UTF-8">
```

```
  <meta name="viewport" content="width=device-width, initial-scale=1.0">
  <title>Subscription Confirmation</title>
  <style>
    body {
      font-family: Arial, sans-serif;
      background-color: #f9f9f9;
      color: #333;
      margin: 0;
      padding: 20px;
      text-align: center;
    }

    h1 {
      font-size: 36px;
      color: #007bff;
    }

    p {
      font-size: 18px;
      margin-top: 20px;
    }
  </style>
</head>
<body>
  <h1>Thank You for Subscribing!</h1>
  <p>You will receive updates and newsletters in your inbox.</p>
</body>
</html>
```

Building a Currency Converter Interface

```
<!DOCTYPE html>
<html lang="en">
<head>
  <meta charset="UTF-8">
  <meta name="viewport" content="width=device-width, initial-scale=1.0">
  <title>Currency Converter</title>
  <style>
    body {
      font-family: Arial, sans-serif;
      background-color: #f9f9f9;
      color: #333;
      margin: 0;
      padding: 20px;
      text-align: center;
    }

    input[type="number"], select, button {
      width: 300px;
      padding: 10px;
      margin-top: 10px;
      border: 1px solid #ddd;
      border-radius: 5px;
      box-sizing: border-box;
    }

    button {
```

```
        background-color: #007bff;
        color: #fff;
        border: none;
        border-radius: 5px;
        padding: 10px 20px;
        cursor: pointer;
        margin-top: 20px;
      }
  </style>
</head>
<body>
  <h1>Currency Converter</h1>
  <input type="number" id="amount" placeholder="Enter amount"><br>
  <select id="fromCurrency">
    <option value="USD">USD</option>
    <option value="EUR">EUR</option>
    <option value="GBP">GBP</option>
    <!-- Add more currency options here -->
  </select>
  <select id="toCurrency">
    <option value="EUR">EUR</option>
    <option value="GBP">GBP</option>
    <option value="JPY">JPY</option>
    <!-- Add more currency options here -->
  </select><br>
  <button onclick="convertCurrency()">Convert</button>

  <p id="result"></p>
```

```
    <script>
        function convertCurrency() {
            var amount = document.getElementById('amount').value;
            var fromCurrency = document.getElementById('fromCurrency').value;
            var toCurrency = document.getElementById('toCurrency').value;

            // Perform currency conversion using an API or calculation
            // Display result
            var result = amount + ' ' + fromCurrency + ' = ' + (amount *
conversionRate).toFixed(2) + ' ' + toCurrency;
            document.getElementById('result').textContent = result;
        }
    </script>
</body>
</html>
```

Implementing Pagination

```
<!DOCTYPE html>
<html lang="en">
<head>
    <meta charset="UTF-8">
    <meta name="viewport" content="width=device-width, initial-scale=1.0">
    <title>Pagination</title>
    <style>
        body {
            font-family: Arial, sans-serif;
            background-color: #f9f9f9;
```

```
        color: #333;
        margin: 0;
        padding: 20px;
        text-align: center;
    }

    ul.pagination {
        display: flex;
        list-style: none;
        justify-content: center;
        gap: 10px;
    }

    ul.pagination li {
        padding: 10px;
        background-color: #007bff;
        color: #fff;
        border-radius: 5px;
        cursor: pointer;
    }
  </style>
</head>
<body>
  <ul class="pagination">
    <li>&laquo;</li>
    <li>1</li>
    <li>2</li>
    <li>3</li>
```

```
    <li>&raquo;</li>
  </ul>
</body>
</html>
```

Making a Responsive Timeline

```
<!DOCTYPE html>
<html lang="en">
<head>
  <meta charset="UTF-8">
  <meta name="viewport" content="width=device-width, initial-scale=1.0">
  <title>Responsive Timeline</title>
  <style>
    body {
      font-family: Arial, sans-serif;
      background-color: #f9f9f9;
      color: #333;
      margin: 0;
      padding: 20px;
    }

    .timeline {
      position: relative;
      max-width: 800px;
      margin: 0 auto;
    }

    .timeline-item {
```

```
        padding: 20px;

        border-left: 2px solid #007bff;

        position: relative;

        margin-bottom: 20px;

    }


    .timeline-item::before {

        content: "";

        position: absolute;

        top: 0;

        left: -6px;

        width: 12px;

        height: 12px;

        border-radius: 50%;

        background-color: #007bff;

    }

  </style>

</head>

<body>

  <div class="timeline">

    <div class="timeline-item">

        <h3>Event Title</h3>

        <p>Lorem ipsum dolor sit amet, consectetur adipiscing elit. Sed fringilla
risus nec ligula iaculis.</p>

        <p>Event Date: January 1, 2023</p>

    </div>

    <div class="timeline-item">

        <h3>Another Event Title</h3>
```

```
        <p>Pellentesque habitant morbi tristique senectus et netus et malesuada
fames ac turpis egestas.</p>
        <p>Event Date: February 15, 2023</p>
      </div>
      <!-- Add more timeline items here -->
    </div>
</body>
</html>
```

Creating a Social Share Bar

```
<!DOCTYPE html>
<html lang="en">
<head>
    <meta charset="UTF-8">
    <meta name="viewport" content="width=device-width, initial-scale=1.0">
    <title>Social Share Bar</title>
    <style>
      body {
        font-family: Arial, sans-serif;
        background-color: #f9f9f9;
        color: #333;
        margin: 0;
        padding: 20px;
        text-align: center;
      }

      .social-share {
        display: flex;
```

```
        justify-content: center;
        gap: 10px;
        margin-bottom: 20px;
      }

      .social-share a {
        display: inline-block;
        width: 40px;
        height: 40px;
        line-height: 40px;
        background-color: #007bff;
        color: #fff;
        border-radius: 50%;
        text-decoration: none;
      }
  </style>
</head>
<body>
  <div class="social-share">
      <a href="#">Facebook</a>
      <a href="#">Twitter</a>
      <a href="#">Instagram</a>
      <a href="#">LinkedIn</a>
      <!-- Add more social media links here -->
  </div>
</body>
</html>
```

Designing a Countdown Timer for Events

```
<!DOCTYPE html>
<html lang="en">
<head>
  <meta charset="UTF-8">
  <meta name="viewport" content="width=device-width, initial-scale=1.0">
  <title>Countdown Timer</title>
  <style>
    body {
      font-family: Arial, sans-serif;
      background-color: #f9f9f9;
      color: #333;
      margin: 0;
      padding: 20px;
      text-align: center;
    }

    #countdown {
      font-size: 36px;
      font-weight: bold;
    }
  </style>
</head>
<body>
  <h1>Event Countdown Timer</h1>
  <div id="countdown"></div>

  <script>
```

```
        // Set the date for the event
        var eventDate = new Date('2024-12-31T23:59:59').getTime();

        var countdown = setInterval(function() {
            var now = new Date().getTime();
            var distance = eventDate - now;

            var days = Math.floor(distance / (1000 * 60 * 60 * 24));
            var hours = Math.floor((distance % (1000 * 60 * 60 * 24)) / (1000 * 60 *
60));
            var minutes = Math.floor((distance % (1000 * 60 * 60)) / (1000 * 60));
            var seconds = Math.floor((distance % (1000 * 60)) / 1000);

            document.getElementById('countdown').textContent = days + 'd ' + hours
+ 'h ' + minutes + 'm ' + seconds + 's ';

            if (distance < 0) {
                clearInterval(countdown);
                document.getElementById('countdown').textContent = 'EXPIRED';
            }
        }, 1000);
    </script>
</body>
</html>
```

Building a BMI Calculator

```
<!DOCTYPE html>
<html lang="en">
<head>
```

```
<meta charset="UTF-8">
<meta name="viewport" content="width=device-width, initial-scale=1.0">
<title>BMI Calculator</title>
<style>
  body {
    font-family: Arial, sans-serif;
    background-color: #f9f9f9;
    color: #333;
    margin: 0;
    padding: 20px;
    text-align: center;
  }

  input[type="number"], button {
    width: 300px;
    padding: 10px;
    margin-top: 10px;
    border: 1px solid #ddd;
    border-radius: 5px;
    box-sizing: border-box;
  }

  button {
    background-color: #007bff;
    color: #fff;
    border: none;
    border-radius: 5px;
    padding: 10px 20px;
```

```
        cursor: pointer;
        margin-top: 20px;
    }
  </style>
</head>
<body>
  <h1>BMI Calculator</h1>
  <input type="number" id="weight" placeholder="Weight (kg)"
step="0.1"><br>
  <input type="number" id="height" placeholder="Height (cm)"
step="0.01"><br>
  <button onclick="calculateBMI()">Calculate BMI</button>

  <p id="result"></p>

  <script>
    function calculateBMI() {
        var weight = parseFloat(document.getElementById('weight').value);
        var height = parseFloat(document.getElementById('height').value) / 100;
// Convert height to meters

        var bmi = weight / (height * height);
        document.getElementById('result').textContent = 'Your BMI: ' +
bmi.toFixed(1);
    }
  </script>
</body>
</html>
```

Implementing a Color Picker

```
<!DOCTYPE html>
<html lang="en">
<head>
    <meta charset="UTF-8">
    <meta name="viewport" content="width=device-width, initial-scale=1.0">
    <title>Color Picker</title>
    <style>
        body {
            font-family: Arial, sans-serif;
            background-color: #f9f9f9;
            color: #333;
            margin: 0;
            padding: 20px;
            text-align: center;
        }

        input[type="color"] {
            width: 50px;
            height: 50px;
            border: none;
            border-radius: 5px;
            cursor: pointer;
            margin-bottom: 20px;
        }
    </style>
</head>
```

```
<body>
  <h1>Color Picker</h1>
  <input type="color" id="colorPicker" onchange="changeColor(this.value)">

  <script>
    function changeColor(color) {
      document.body.style.backgroundColor = color;
    }
  </script>
</body>
</html>
```

Making a Dynamic Contact Form

```
<!DOCTYPE html>
<html lang="en">
<head>
  <meta charset="UTF-8">
  <meta name="viewport" content="width=device-width, initial-scale=1.0">
  <title>Dynamic Contact Form</title>
  <style>
    body {
      font-family: Arial, sans-serif;
      background-color: #f9f9f9;
      color: #333;
      margin: 0;
      padding: 20px;
      text-align: center;
    }
```

```
    input[type="text"], input[type="email"], textarea, button {
      width: 300px;
      padding: 10px;
      margin-top: 10px;
      border: 1px solid #ddd;
      border-radius: 5px;
      box-sizing: border-box;
    }

    button {
      background-color: #007bff;
      color: #fff;
      border: none;
      border-radius: 5px;
      padding: 10px 20px;
      cursor: pointer;
      margin-top: 20px;
    }
  </style>
</head>
<body>
  <h1>Contact Us</h1>
  <form>
    <input type="text" name="name" placeholder="Your Name" required><br>
    <input type="email" name="email" placeholder="Your Email"
required><br>
```

```
        <textarea name="message" placeholder="Your Message" rows="5"
required></textarea><br>
        <button type="submit">Send Message</button>
    </form>
</body>
</html>
```

Creating an Animated Loading Screen

```
<!DOCTYPE html>
<html lang="en">
<head>
    <meta charset="UTF-8">
    <meta name="viewport" content="width=device-width, initial-scale=1.0">
    <title>Loading Screen</title>
    <style>
        body {
            font-family: Arial, sans-serif;
            background-color: #f9f9f9;
            color: #333;
            margin: 0;
            padding: 20px;
            text-align: center;
        }

        #loading {
            display: flex;
            justify-content: center;
            align-items: center;
```

```
        height: 100vh;
    }

    #loading .spinner {
        width: 50px;
        height: 50px;
        border: 5px solid #007bff;
        border-radius: 50%;
        border-top: 5px solid transparent;
        animation: spin 1s linear infinite;
    }

    @keyframes spin {
        0% { transform: rotate(0deg); }
        100% { transform: rotate(360deg); }
    }
  </style>
</head>
<body>
  <div id="loading">
    <div class="spinner"></div>
  </div>
</body>
</html>
```

Designing a Music Playlist Interface

```
<!DOCTYPE html>
<html lang="en">
```

```
<head>
  <meta charset="UTF-8">
  <meta name="viewport" content="width=device-width, initial-scale=1.0">
  <title>Music Playlist</title>
  <style>
    body {
      font-family: Arial, sans-serif;
      background-color: #f9f9f9;
      color: #333;
      margin: 0;
      padding: 20px;
    }

    h1 {
      text-align: center;
    }

    ul {
      list-style: none;
      padding: 0;
      margin-top: 20px;
    }

    li {
      padding: 10px;
      border-bottom: 1px solid #ddd;
    }
  </style>
```

```
</head>
<body>
  <h1>My Music Playlist</h1>
  <ul>
    <li>Song 1 - Artist 1</li>
    <li>Song 2 - Artist 2</li>
    <li>Song 3 - Artist 3</li>
    <!-- Add more songs here -->
  </ul>
</body>
</html>
```

Building a Weather Widget

```
<!DOCTYPE html>
<html lang="en">
<head>
  <meta charset="UTF-8">
  <meta name="viewport" content="width=device-width, initial-scale=1.0">
  <title>Weather Widget</title>
  <style>
    body {
      font-family: Arial, sans-serif;
      background-color: #f9f9f9;
      color: #333;
      margin: 0;
      padding: 20px;
      text-align: center;
    }
```

```
        #weather-widget {
            max-width: 300px;
            margin: 0 auto;
            border: 1px solid #ddd;
            border-radius: 5px;
            padding: 20px;
        }
    </style>
</head>
<body>
    <div id="weather-widget">
        <h2>Today's Weather</h2>
        <p><strong>Location:</strong> City, Country</p>
        <p><strong>Temperature:</strong> XX°C</p>
        <p><strong>Condition:</strong> Sunny</p>
    </div>
</body>
</html>
```

Implementing Image Carousel with Thumbnails

```
<!DOCTYPE html>
<html lang="en">
<head>
    <meta charset="UTF-8">
    <meta name="viewport" content="width=device-width, initial-scale=1.0">
    <title>Image Carousel with Thumbnails</title>
    <style>
```

```
body {
    font-family: Arial, sans-serif;
    background-color: #f9f9f9;
    color: #333;
    margin: 0;
    padding: 20px;
    text-align: center;
}

.carousel {
    max-width: 500px;
    margin: 0 auto;
    overflow: hidden;
    position: relative;
}

.carousel img {
    width: 100%;
    height: auto;
}

.thumbnails {
    display: flex;
    justify-content: center;
    gap: 10px;
    margin-top: 20px;
}
```

```
        .thumbnail {
            width: 60px;
            height: 60px;
            cursor: pointer;
        }
    </style>
</head>
<body>
    <div class="carousel">
        <img src="image1.jpg" alt="Image 1">
        <!-- Add more images here -->
    </div>

    <div class="thumbnails">
        <img class="thumbnail" src="image1.jpg" alt="Thumbnail 1"
onclick="showImage(0)">
        <!-- Add more thumbnails here -->
    </div>

    <script>
        function showImage(index) {
            var images = document.querySelectorAll('.carousel img');
            images.forEach(img => img.style.display = 'none');
            images[index].style.display = 'block';
        }
    </script>
</body>
</html>
```

Making a Custom Dropdown Menu

```
<!DOCTYPE html>
<html lang="en">
<head>
  <meta charset="UTF-8">
  <meta name="viewport" content="width=device-width, initial-scale=1.0">
  <title>Custom Dropdown Menu</title>
  <style>
    body {
      font-family: Arial, sans-serif;
      background-color: #f9f9f9;
      color: #333;
      margin: 0;
      padding: 20px;
      text-align: center;
    }

    .dropdown {
      position: relative;
      display: inline-block;
    }

    .dropdown-content {
      display: none;
      position: absolute;
      background-color: #fff;
      box-shadow: 0 2px 5px rgba(0, 0, 0, 0.2);
```

```
        min-width: 150px;
        z-index: 1;
      }

      .dropdown-content a {
        display: block;
        padding: 10px;
        text-decoration: none;
        color: #333;
      }

      .dropdown-content a:hover {
        background-color: #f1f1f1;
      }

      .dropdown:hover .dropdown-content {
        display: block;
      }
  </style>
</head>
<body>
  <div class="dropdown">
      <button>Dropdown</button>
      <div class="dropdown-content">
        <a href="#">Option 1</a>
        <a href="#">Option 2</a>
        <a href="#">Option 3</a>
      </div>
```

```
  </div>

</body>

</html>
```

Creating a Newsletter Signup Form with Validation

```
<!DOCTYPE html>

<html lang="en">

<head>

  <meta charset="UTF-8">

  <meta name="viewport" content="width=device-width, initial-scale=1.0">

  <title>Newsletter Signup Form</title>

  <style>

    body {

      font-family: Arial, sans-serif;

      background-color: #f9f9f9;

      color: #333;

      margin: 0;

      padding: 20px;

      text-align: center;

    }


    input[type="email"], input[type="submit"] {

      width: 300px;

      padding: 10px;

      margin-top: 10px;

      border: 1px solid #ddd;

      border-radius: 5px;

      box-sizing: border-box;
```

```
    }

    input[type="submit"] {
      background-color: #007bff;
      color: #fff;
      border: none;
      border-radius: 5px;
      padding: 10px 20px;
      cursor: pointer;
      margin-top: 20px;
    }
  </style>
</head>
<body>
  <h1>Subscribe to Our Newsletter</h1>
  <form onsubmit="return validateForm()">
    <input type="email" id="email" name="email" placeholder="Enter your
email" required>
    <input type="submit" value="Subscribe">
  </form>

  <script>
    function validateForm() {
      var email = document.getElementById('email').value;
      if (!email.includes('@')) {
        alert('Please enter a valid email address.');
        return false;
      }
```

```
            return true;
        }
    </script>
</body>
</html>
```

Designing a Video Background Header

```
<!DOCTYPE html>
<html lang="en">
<head>
    <meta charset="UTF-8">
    <meta name="viewport" content="width=device-width, initial-scale=1.0">
    <title>Video Background Header</title>
    <style>
        body {
            font-family: Arial, sans-serif;
            background-color: #333;
            color: #fff;
            margin: 0;
            padding: 0;
            text-align: center;
            overflow: hidden;
        }

        #header-video {
            position: fixed;
            top: 0;
            left: 0;
```

```
            width: 100%;
            height: 100%;
            z-index: -1;
            object-fit: cover;
        }

        .content {
            position: relative;
            z-index: 1;
            padding: 100px 20px;
        }

        h1 {
            font-size: 48px;
        }
    </style>
</head>
<body>
    <video id="header-video" autoplay muted loop>
        <source src="background-video.mp4" type="video/mp4">
    </video>

    <div class="content">
        <h1>Welcome to Our Website</h1>
        <p>This is a demo of a video background header.</p>
    </div>
</body>
</html>
```

Building a Subscription Billing Form

```
<!DOCTYPE html>
<html lang="en">
<head>
  <meta charset="UTF-8">
  <meta name="viewport" content="width=device-width, initial-scale=1.0">
  <title>Subscription Billing Form</title>
  <style>
    body {
      font-family: Arial, sans-serif;
      background-color: #f9f9f9;
      color: #333;
      margin: 0;
      padding: 20px;
      text-align: center;
    }

    input[type="text"], input[type="number"], input[type="date"], select, button
{
      width: 300px;
      padding: 10px;
      margin-top: 10px;
      border: 1px solid #ddd;
      border-radius: 5px;
      box-sizing: border-box;
    }
```

```
        button {
            background-color: #007bff;
            color: #fff;
            border: none;
            border-radius: 5px;
            padding: 10px 20px;
            cursor: pointer;
            margin-top: 20px;
        }
    </style>
</head>
<body>
    <h1>Subscription Billing</h1>
    <form>
        <input type="text" name="name" placeholder="Your Name" required><br>
        <input type="text" name="cardNumber" placeholder="Card Number" 
required><br>
        <input type="date" name="expiryDate" placeholder="Expiry Date" 
required><br>
        <select name="plan" required>
            <option value="">Select Plan</option>
            <option value="basic">Basic</option>
            <option value="premium">Premium</option>
        </select><br>
        <button type="submit">Subscribe Now</button>
    </form>
</body>
</html>
```

Implementing a Photo Gallery with Lightbox

```
<!DOCTYPE html>
<html lang="en">
<head>
  <meta charset="UTF-8">
  <meta name="viewport" content="width=device-width, initial-scale=1.0">
  <title>Photo Gallery with Lightbox</title>
  <style>
    body {
      font-family: Arial, sans-serif;
      background-color: #f9f9f9;
      color: #333;
      margin: 0;
      padding: 20px;
      text-align: center;
    }

    .gallery {
      display: flex;
      flex-wrap: wrap;
      justify-content: center;
      gap: 10px;
    }

    .gallery img {
      width: 200px;
      height: 150px;
```

```
        object-fit: cover;
        border-radius: 5px;
        cursor: pointer;
        transition: transform 0.3s ease;
    }

    .gallery img:hover {
        transform: scale(1.1);
    }

    .lightbox {
        display: none;
        position: fixed;
        top: 0;
        left: 0;
        width: 100%;
        height: 100%;
        background-color: rgba(0, 0, 0, 0.8);
        z-index: 999;
        justify-content: center;
        align-items: center;
    }

    .lightbox img {
        max-width: 80%,
        max-height: 80%;
        border-radius: 5px;
    }
```

```
        .close-btn {
            position: absolute;
            top: 20px;
            right: 20px;
            color: #fff;
            font-size: 24px;
            cursor: pointer;
        }
    </style>
</head>
<body>
    <h1>Photo Gallery with Lightbox</h1>
    <div class="gallery">
        <img src="image1.jpg" alt="Image 1"
onclick="openLightbox('image1.jpg')">
        <img src="image2.jpg" alt="Image 2"
onclick="openLightbox('image2.jpg')">
        <img src="image3.jpg" alt="Image 3"
onclick="openLightbox('image3.jpg')">
        <!-- Add more images here -->
    </div>

    <div class="lightbox" id="lightbox">
        <span class="close-btn" onclick="closeLightbox()">&times;</span>
        <img src="" alt="Lightbox Image" id="lightbox-img">
    </div>
```

```
    <script>
        function openLightbox(imageUrl) {
            document.getElementById('lightbox-img').src = imageUrl;
            document.getElementById('lightbox').style.display = 'flex';
        }

        function closeLightbox() {
            document.getElementById('lightbox').style.display = 'none';
        }
    </script>
</body>
</html>
```

Making a Image Slideshow with Captions

```
<!DOCTYPE html>
<html lang="en">
<head>
    <meta charset="UTF-8">
    <meta name="viewport" content="width=device-width, initial-scale=1.0">
    <title>Image Slideshow with Captions</title>
    <style>
        body {
            font-family: Arial, sans-serif;
            background-color: #f9f9f9;
            color: #333;
            margin: 0;
            padding: 20px;
            text-align: center;
```

```
}

#slideshow {
  max-width: 500px;
  margin: 0 auto;
  position: relative;
}

#slideshow img {
  width: 100%;
  height: auto;
  border-radius: 5px;
  display: none;
}

#slideshow .caption {
  position: absolute;
  bottom: 10px;
  left: 0;
  width: 100%;
  background-color: rgba(0, 0, 0, 0.5);
  color: #fff;
  padding: 10px;
  font-size: 18px;
  border-bottom-left-radius: 5px;
  border-bottom-right-radius: 5px;
}
```

```
    #prev, #next {
        cursor: pointer;
        color: #007bff;
        font-size: 24px;
        margin-top: 20px;
    }
  </style>
</head>
<body>
  <h1>Image Slideshow with Captions</h1>
  <div id="slideshow">
    <img src="image1.jpg" alt="Image 1" class="slide">
    <img src="image2.jpg" alt="Image 2" class="slide">
    <img src="image3.jpg" alt="Image 3" class="slide">
    <!-- Add more images here -->

    <div class="caption">Caption 1</div>
  </div>
  <div id="prev" onclick="changeSlide(-1)">&#10094;</div>
  <div id="next" onclick="changeSlide(1)">&#10095;</div>

  <script>
    var slideIndex = 0;
    showSlide(slideIndex);

    function changeSlide(n) {
        showSlide(slideIndex += n);
    }
```

```
    function showSlide(index) {
      var slides = document.getElementsByClassName('slide');
      var captions = document.getElementsByClassName('caption');

      if (index >= slides.length) {
        slideIndex = 0;
      } else if (index < 0) {
        slideIndex = slides.length - 1;
      }

      for (var i = 0; i < slides.length; i++) {
        slides[i].style.display = 'none';
        captions[i].style.display = 'none';
      }

      slides[slideIndex].style.display = 'block';
      captions[slideIndex].style.display = 'block';
    }
  </script>
</body>
</html>
```

Creating a Chat Application UI

```
<!DOCTYPE html>
<html lang="en">
<head>
  <meta charset="UTF-8">
  <meta name="viewport" content="width=device-width, initial-scale=1.0">
  <title>Chat Application UI</title>
  <style>
    body {
      font-family: Arial, sans-serif;
      background-color: #f9f9f9;
      color: #333;
      margin: 0;
      padding: 20px;
      text-align: center;
    }

    #chat-window {
      max-width: 600px;
      margin: 0 auto;
      border: 1px solid #ddd;
      border-radius: 5px;
      padding: 20px;
      overflow-y: scroll;
      height: 400px;
    }

    #input-message {
```

```
            width: 80%;
            padding: 10px;
            margin-top: 20px;
            border: 1px solid #ddd;
            border-radius: 5px;
            box-sizing: border-box;
        }

        #send-btn {
            background-color: #007bff;
            color: #fff;
            border: none;
            border-radius: 5px;
            padding: 10px 20px;
            cursor: pointer;
            margin-top: 10px;
        }
    </style>
</head>
<body>
    <h1>Chat Application</h1>
    <div id="chat-window">
        <div><strong>User 1:</strong> Hello!</div>
        <div><strong>User 2:</strong> Hi there!</div>
        <!-- Add more chat messages here -->
    </div>

    <input type="text" id="input-message" placeholder="Type your message...">
```

```
  <button id="send-btn" onclick="sendMessage()">Send</button>


  <script>
    function sendMessage() {
      var messageInput = document.getElementById('input-message');
      var message = messageInput.value.trim();

      if (message !== '') {
        var chatWindow = document.getElementById('chat-window');
        var newMessage = document.createElement('div');
        newMessage.innerHTML = '<strong>You:</strong> ' + message;
        chatWindow.appendChild(newMessage);
        chatWindow.scrollTop = chatWindow.scrollHeight;
        messageInput.value = '';
      }
    }
  </script>
</body>
</html>
```

Designing a Blog Post Template

```
<!DOCTYPE html>
<html lang="en">
<head>
  <meta charset="UTF-8">
  <meta name="viewport" content="width=device-width, initial-scale=1.0">
  <title>Blog Post Template</title>
  <style>
```

```
body {
    font-family: Arial, sans-serif;
    background-color: #f9f9f9;
    color: #333;
    margin: 0;
    padding: 20px;
}

.post {
    max-width: 800px;
    margin: 0 auto;
    padding: 20px;
    background-color: #fff;
    border-radius: 5px;
    box-shadow: 0 2px 5px rgba(0, 0, 0, 0.1);
}

.post h1 {
    font-size: 32px;
    margin-bottom: 10px;
}

.post p {
    font-size: 16px;
    line-height: 1.6;
    margin-bottom: 20px;
}
```

```
      .post img {
        max-width: 100%;
        height: auto;
        border-radius: 5px;
        margin-bottom: 20px;
      }

      .post .author-info {
        display: flex;
        align-items: center;
      }

      .author-info img {
        width: 50px;
        height: 50px;
        border-radius: 50%;
        margin-right: 10px;
      }

      .author-info p {
        font-size: 14px;
        color: #888;
      }
  </style>
</head>
<body>
  <div class="post">
    <h1>Blog Post Title</h1>
```

```
        <img src="post-image.jpg" alt="Post Image">
        <p>This is a sample blog post content. Lorem ipsum dolor sit amet,
consectetur adipiscing elit...</p>
        <div class="author-info">
            <img src="author-avatar.jpg" alt="Author Avatar">
            <p>Written by John Doe</p>
        </div>
    </div>
</body>
</html>
```

Building a Booking Calendar

```
<!DOCTYPE html>
<html lang="en">
<head>
    <meta charset="UTF-8">
    <meta name="viewport" content="width=device-width, initial-scale=1.0">
    <title>Booking Calendar</title>
    <style>
        body {
            font-family: Arial, sans-serif;
            background-color: #f9f9f9;
            color: #333;
            margin: 0;
            padding: 20px;
            text-align: center;
        }
```

```
    table {
        width: 80%;
        margin: 0 auto;
        border-collapse: collapse;
    }

    table, th, td {
        border: 1px solid #ddd;
    }

    th, td {
        padding: 10px;
        text-align: center;
    }

    th {
        background-color: #007bff;
        color: #fff;
    }

    td.available {
        background-color: #c3e6cb;
    }

    td.booked {
        background-color: #f5c6cb;
    }
</style>
```

```
</head>

<body>

  <h1>Booking Calendar</h1>

  <table>

    <tr>

      <th>Date</th>

      <th>Status</th>

      <th>Action</th>

    </tr>

    <tr>

      <td>April 23, 2024</td>

      <td class="available">Available</td>

      <td><button onclick="bookDate('April 23, 2024')">Book</button></td>

    </tr>

    <!-- Add more dates here -->

  </table>


  <script>

    function bookDate(date) {

      alert('Date ' + date + ' booked successfully!');

      // Implement booking logic here

    }

  </script>

</body>

</html>
```

Implementing Form Validation

```
<!DOCTYPE html>

<html lang="en">
```

```
<head>
  <meta charset="UTF-8">
  <meta name="viewport" content="width=device-width, initial-scale=1.0">
  <title>Form Validation</title>
  <style>
    body {
      font-family: Arial, sans-serif;
      background-color: #f9f9f9;
      color: #333;
      margin: 0;
      padding: 20px;
      text-align: center;
    }

    input[type="text"], input[type="email"], input[type="password"], button {
      width: 300px;
      padding: 10px;
      margin-top: 10px;
      border: 1px solid #ddd;
      border-radius: 5px;
      box-sizing: border-box;
    }

    button {
      background-color: #007bff;
      color: #fff;
      border: none;
      border-radius: 5px;
```

```
        padding: 10px 20px;
        cursor: pointer;
        margin-top: 20px;
      }
    </style>
</head>
<body>
    <h1>Form Validation</h1>
    <form onsubmit="return validateForm()">
      <input type="text" id="username" name="username"
placeholder="Username" required><br>
      <input type="email" id="email" name="email" placeholder="Email"
required><br>
      <input type="password" id="password" name="password"
placeholder="Password" required><br>
      <button type="submit">Submit</button>
    </form>

    <script>
      function validateForm() {
        var username = document.getElementById('username').value.trim();
        var email = document.getElementById('email').value.trim();
        var password = document.getElementById('password').value.trim();

        if (username === '' || email === '' || password === '') {
          alert('All fields must be filled out.');
          return false;
        }
```

```
            return true;
        }
    </script>
</body>
</html>
```

Making a Responsive Pricing Table

```
<!DOCTYPE html>
<html lang="en">
<head>
    <meta charset="UTF-8">
    <meta name="viewport" content="width=device-width, initial-scale=1.0">
    <title>Responsive Pricing Table</title>
    <style>
        body {
            font-family: Arial, sans-serif;
            background-color: #f9f9f9;
            color: #333;
            margin: 0;
            padding: 20px;
            text-align: center;
        }

        .pricing-table {
            display: flex;
            justify-content: center;
            gap: 20px;
```

```
    }

    .plan {
        background-color: #fff;
        border-radius: 5px;
        padding: 20px;
        box-shadow: 0 2px 5px rgba(0, 0, 0, 0.1);
        flex: 1;
        max-width: 300px;
        text-align: center;
    }

    .plan h2 {
        font-size: 24px;
        color: #007bff;
    }

    .plan p {
        font-size: 18px;
        margin-bottom: 20px;
    }

    .plan .price {
        font-size: 36px;
        font-weight: bold;
        color: #333;
    }
```

```
    .plan button {
      background-color: #007bff;
      color: #fff;
      border: none;
      border-radius: 5px;
      padding: 10px 20px;
      cursor: pointer;
      margin-top: 20px;
    }
  </style>
</head>
<body>
  <h1>Responsive Pricing Table</h1>
  <div class="pricing-table">
    <div class="plan">
      <h2>Basic Plan</h2>
      <p>Perfect for individuals</p>
      <div class="price">$9.99/month</div>
      <button>Select Plan</button>
    </div>
    <div class="plan">
      <h2>Premium Plan</h2>
      <p>Great for businesses</p>
      <div class="price">$19.99/month</div>
      <button>Select Plan</button>
    </div>
    <div class="plan">
      <h2>Enterprise Plan</h2>
```

```
        <p>For large organizations</p>
        <div class="price">$49.99/month</div>
        <button>Select Plan</button>
      </div>
    </div>
</body>
</html>
```

Creating a Tabbed Content Section

```
<!DOCTYPE html>
<html lang="en">
<head>
    <meta charset="UTF-8">
    <meta name="viewport" content="width=device-width, initial-scale=1.0">
    <title>Tabbed Content Section</title>
    <style>
        body {
            font-family: Arial, sans-serif;
            background-color: #f9f9f9;
            color: #333;
            margin: 0;
            padding: 20px;
            text-align: center;
        }

        .tab {
            display: none;
            padding: 20px;
```

```
        border: 1px solid #ddd;
        border-radius: 5px;
    }

    .tab.active {
        display: block;
    }

    .tab-buttons button {
        background-color: #007bff;
        color: #fff;
        border: none;
        border-radius: 5px;
        padding: 10px 20px;
        cursor: pointer;
        margin-right: 10px;
    }
  </style>
</head>
<body>
  <h1>Tabbed Content Section</h1>
  <div class="tab-buttons">
    <button onclick="showTab(0)">Tab 1</button>
    <button onclick="showTab(1)">Tab 2</button>
    <button onclick="showTab(2)">Tab 3</button>
  </div>

  <div class="tab-container">
```

```
    <div class="tab active">Content for Tab 1</div>

    <div class="tab">Content for Tab 2</div>

    <div class="tab">Content for Tab 3</div>

  </div>


  <script>

    function showTab(index) {

      var tabs = document.getElementsByClassName('tab');

      for (var i = 0; i < tabs.length; i++) {

        tabs[i].classList.remove('active');

      }

      tabs[index].classList.add('active');

    }

  </script>

</body>

</html>
```

Designing a Customer Feedback Form

```
<!DOCTYPE html>

<html lang="en">

<head>

  <meta charset="UTF-8">

  <meta name="viewport" content="width=device-width, initial-scale=1.0">

  <title>Customer Feedback Form</title>

  <style>

    body {

      font-family: Arial, sans-serif;

      background-color: #f9f9f9;
```

```
        color: #333;
        margin: 0;
        padding: 20px;
        text-align: center;
    }

    textarea {
        width: 80%;
        height: 150px;
        padding: 10px;
        margin-top: 20px;
        border: 1px solid #ddd;
        border-radius: 5px;
        resize: none;
    }

    button {
        background-color: #007bff;
        color: #fff;
        border: none;
        border-radius: 5px;
        padding: 10px 20px;
        cursor: pointer;
        margin-top: 20px;
    }
  </style>
</head>
<body>
```

```
    <h1>Customer Feedback Form</h1>

    <form>

        <textarea placeholder="Write your feedback here..."
required></textarea><br>

        <button type="submit">Submit Feedback</button>

    </form>

</body>

</html>
```

Building a Feedback Poll

```
<!DOCTYPE html>

<html lang="en">

<head>

    <meta charset="UTF-8">

    <meta name="viewport" content="width=device-width, initial-scale=1.0">

    <title>Feedback Poll</title>

    <style>

        body {

            font-family: Arial, sans-serif;

            background-color: #f9f9f9;

            color: #333;

            margin: 0;

            padding: 20px;

            text-align: center;

        }


        label {

            font-size: 18px;
```

```
        display: block;
        margin-bottom: 10px;
    }

    input[type="radio"] {
        margin-right: 10px;
    }

    button {
        background-color: #007bff;
        color: #fff;
        border: none;
        border-radius: 5px;
        padding: 10px 20px;
        cursor: pointer;
        margin-top: 20px;
    }
  </style>
</head>
<body>
  <h1>Feedback Poll</h1>
  <form>
    <label><input type="radio" name="rating" value="5"> Excellent</label>
    <label><input type="radio" name="rating" value="4"> Very Good</label>
    <label><input type="radio" name="rating" value="3"> Good</label>
    <label><input type="radio" name="rating" value="2"> Fair</label>
    <label><input type="radio" name="rating" value="1"> Poor</label>
    <button type="submit">Submit Rating</button>
```

```
  </form>

</body>

</html>
```

Implementing Image Grid Layout

```
<!DOCTYPE html>

<html lang="en">

<head>

  <meta charset="UTF-8">

  <meta name="viewport" content="width=device-width, initial-scale=1.0">

  <title>Image Grid Layout</title>

  <style>

    body {

      font-family: Arial, sans-serif;

      background-color: #f9f9f9;

      color: #333;

      margin: 0;

      padding: 20px;

      text-align: center;

    }

    .image-grid {

      display: grid;

      grid-template-columns: repeat(3, 1fr);

      gap: 10px;

    }

    .image-grid img {
```

```
        width: 100%;
        height: auto;
        border-radius: 5px;
      }
  </style>
</head>
<body>
  <h1>Image Grid Layout</h1>
  <div class="image-grid">
    <img src="image1.jpg" alt="Image 1">
    <img src="image2.jpg" alt="Image 2">
    <img src="image3.jpg" alt="Image 3">
    <!-- Add more images here -->
  </div>
</body>
</html>
```

Making a Thumbnail Gallery

```
<!DOCTYPE html>
<html lang="en">
<head>
  <meta charset="UTF-8">
  <meta name="viewport" content="width=device-width, initial-scale=1.0">
  <title>Thumbnail Gallery</title>
  <style>
    body {
      font-family: Arial, sans-serif;
      background-color: #f9f9f9;
```

```
        color: #333;
        margin: 0;
        padding: 20px;
        text-align: center;
    }

    .thumbnail {
        display: inline-block;
        margin-bottom: 10px;
    }

    .thumbnail img {
        width: 150px;
        height: auto;
        border-radius: 5px;
        cursor: pointer;
        transition: transform 0.3s ease;
    }

    .thumbnail img:hover {
        transform: scale(1.1);
    }
  </style>
</head>
<body>
  <h1>Thumbnail Gallery</h1>
  <div class="thumbnail">
    <img src="image1.jpg" alt="Image 1">
```

```
    </div>

    <div class="thumbnail">

        <img src="image2.jpg" alt="Image 2">

    </div>

    <div class="thumbnail">

        <img src="image3.jpg" alt="Image 3">

    </div>

    <!-- Add more thumbnails here -->

</body>

</html>
```

Creating a Comparison Pricing Table

```
<!DOCTYPE html>

<html lang="en">

<head>

    <meta charset="UTF-8">

    <meta name="viewport" content="width=device-width, initial-scale=1.0">

    <title>Comparison Pricing Table</title>

    <style>

        body {

            font-family: Arial, sans-serif;

            background-color: #f9f9f9;

            color: #333;

            margin: 0;

            padding: 20px;

            text-align: center;

        }
```

```
.pricing-table {
    display: flex;
    justify-content: center;
    gap: 20px;
}

.plan {
    background-color: #fff;
    border-radius: 5px;
    padding: 20px;
    box-shadow: 0 2px 5px rgba(0, 0, 0, 0.1);
    flex: 1;
    max-width: 300px;
    text-align: center;
}

.plan h2 {
    font-size: 24px;
    color: #007bff;
}

.plan p {
    font-size: 18px;
    margin-bottom: 20px;
}

.plan .price {
    font-size: 36px;
```

```
        font-weight: bold;
        color: #333;
    }

    .plan button {
        background-color: #007bff;
        color: #fff;
        border: none;
        border-radius: 5px;
        padding: 10px 20px;
        cursor: pointer;
        margin-top: 20px;
    }

    .recommended {
        border: 2px solid #007bff;
    }
  </style>
</head>
<body>
  <h1>Comparison Pricing Table</h1>
  <div class="pricing-table">
    <div class="plan">
        <h2>Basic Plan</h2>
        <p>Perfect for individuals</p>
        <div class="price">$9.99/month</div>
        <button>Select Plan</button>
    </div>
```

```
      <div class="plan recommended">
         <h2>Premium Plan</h2>
         <p>Great for businesses</p>
         <div class="price">$19.99/month</div>
         <button>Select Plan</button>
      </div>
      <div class="plan">
         <h2>Enterprise Plan</h2>
         <p>For large organizations</p>
         <div class="price">$49.99/month</div>
         <button>Select Plan</button>
      </div>
   </div>
</body>
</html>
```

Designing a Donation Form

```
<!DOCTYPE html>
<html lang="en">
<head>
   <meta charset="UTF-8">
   <meta name="viewport" content="width=device-width, initial-scale=1.0">
   <title>Donation Form</title>
   <style>
      body {
         font-family: Arial, sans-serif;
         background-color: #f9f9f9;
         color: #333;
```

```
            margin: 0;
            padding: 20px;
            text-align: center;
        }

        input[type="number"] {
            width: 300px;
            padding: 10px;
            margin-top: 20px;
            border: 1px solid #ddd;
            border-radius: 5px;
            box-sizing: border-box;
        }

        button {
            background-color: #007bff;
            color: #fff;
            border: none;
            border-radius: 5px;
            padding: 10px 20px;
            cursor: pointer;
            margin-top: 20px;
        }
    </style>
</head>
<body>
    <h1>Donation Form</h1>
    <form>
```

```
        <label for="amount">Donation Amount ($)</label><br>
        <input type="number" id="amount" name="amount" min="1"
required><br>
        <button type="submit">Donate Now</button>
    </form>
</body>
</html>
```

Building a Language Selector

```
<!DOCTYPE html>
<html lang="en">
<head>
    <meta charset="UTF-8">
    <meta name="viewport" content="width=device-width, initial-scale=1.0">
    <title>Language Selector</title>
    <style>
        body {
            font-family: Arial, sans-serif;
            background-color: #f9f9f9;
            color: #333;
            margin: 0;
            padding: 20px;
            text-align: center;
        }

        select {
            width: 200px;
            padding: 10px;
```

```
            margin-top: 20px;
            border: 1px solid #ddd;
            border-radius: 5px;
            font-size: 16px;
        }

        button {
            background-color: #007bff;
            color: #fff;
            border: none;
            border-radius: 5px;
            padding: 10px 20px;
            cursor: pointer;
            margin-top: 20px;
        }
    </style>
</head>
<body>
    <h1>Language Selector</h1>
    <select id="language">
        <option value="en">English</option>
        <option value="es">Spanish</option>
        <option value="fr">French</option>
        <option value="de">German</option>
    </select>
    <button onclick="changeLanguage()">Change Language</button>
    <script>
        function changeLanguage() {
```

```
        var language = document.getElementById('language').value;
        alert('Language changed to ' + language);
        // Implement language change logic here
      }
   </script>
</body>
</html>
```

Implementing Credit Card Checkout Form

```
<!DOCTYPE html>
<html lang="en">
<head>
   <meta charset="UTF-8">
   <meta name="viewport" content="width=device-width, initial-scale=1.0">
   <title>Credit Card Checkout Form</title>
   <style>
      body {
         font-family: Arial, sans-serif;
         background-color: #f9f9f9;
         color: #333;
         margin: 0;
         padding: 20px;
         text-align: center;
      }

      input[type="text"], input[type="number"], select {
         width: 300px;
         padding: 10px;
```

```
            margin-top: 10px;
            border: 1px solid #ddd;
            border-radius: 5px;
            box-sizing: border-box;
        }

        button {
            background-color: #007bff;
            color: #fff;
            border: none;
            border-radius: 5px;
            padding: 10px 20px;
            cursor: pointer;
            margin-top: 20px;
        }
    </style>
</head>
<body>
    <h1>Credit Card Checkout Form</h1>
    <form>
        <input type="text" placeholder="Cardholder Name" required><br>
        <input type="text" placeholder="Card Number" required><br>
        <input type="text" placeholder="Expiration Date (MM/YY)"
required><br>
        <input type="number" placeholder="CVV" required><br>
        <select required>
            <option value="" disabled selected>Select Card Type</option>
            <option value="visa">Visa</option>
```

```
            <option value="mastercard">Mastercard</option>
            <option value="amex">American Express</option>
        </select><br>
        <button type="submit">Pay Now</button>
    </form>
</body>
</html>
```

Making a Hotel Booking Form

```
<!DOCTYPE html>
<html lang="en">
<head>
    <meta charset="UTF-8">
    <meta name="viewport" content="width=device-width, initial-scale=1.0">
    <title>Hotel Booking Form</title>
    <style>
        body {
            font-family: Arial, sans-serif;
            background-color: #f9f9f9;
            color: #333;
            margin: 0;
            padding: 20px;
            text-align: center;
        }

        input[type="text"], input[type="date"], select {
            width: 300px;
            padding: 10px;
            margin-top: 10px;
```

```
        border: 1px solid #ddd;
        border-radius: 5px;
        box-sizing: border-box;
      }

      button {
        background-color: #007bff;
        color: #fff;
        border: none;
        border-radius: 5px;
        padding: 10px 20px;
        cursor: pointer;
        margin-top: 20px;
      }
    </style>
</head>
<body>
    <h1>Hotel Booking Form</h1>
    <form>
      <input type="text" placeholder="Full Name" required><br>
      <input type="text" placeholder="Email Address" required><br>
      <input type="text" placeholder="Phone Number" required><br>
      <input type="date" placeholder="Check-in Date" required><br>
      <input type="date" placeholder="Check-out Date" required><br>
      <select required>
        <option value="" disabled selected>Select Room Type</option>
        <option value="single">Single Room</option>
        <option value="double">Double Room</option>
```

```
        <option value="suite">Suite</option>
      </select><br>
      <button type="submit">Book Now</button>
    </form>
</body>
</html>
```

Creating an Image Zoom Effect

```
<!DOCTYPE html>
<html lang="en">
<head>
  <meta charset="UTF-8">
  <meta name="viewport" content="width=device-width, initial-scale=1.0">
  <title>Image Zoom Effect</title>
  <style>
    body {
      font-family: Arial, sans-serif;
      background-color: #f9f9f9;
      color: #333;
      margin: 0;
      padding: 20px;
      text-align: center;
    }

    img {
      width: 300px;
      height: 200px;
      border-radius: 5px;
```

```
            transition: transform 0.3s ease;
        }

        img:hover {
            transform: scale(1.1);
        }
    </style>
</head>
<body>
    <h1>Image Zoom Effect</h1>
    <img src="image.jpg" alt="Zoomable Image">
</body>
</html>
```

Designing a Newsletter Subscription Form

```
<!DOCTYPE html>
<html lang="en">
<head>
    <meta charset="UTF-8">
    <meta name="viewport" content="width=device-width, initial-scale=1.0">
    <title>Newsletter Subscription Form</title>
    <style>
        body {
            font-family: Arial, sans-serif;
            background-color: #f9f9f9;
            color: #333;
            margin: 0;
            padding: 20px;
```

```
        text-align: center;
    }

    input[type="email"] {
        width: 300px;
        padding: 10px;
        margin-top: 20px;
        border: 1px solid #ddd;
        border-radius: 5px;
        box-sizing: border-box;
    }

    button {
        background-color: #007bff;
        color: #fff;
        border: none;
        border-radius: 5px;
        padding: 10px 20px;
        cursor: pointer;
        margin-top: 20px;
    }
  </style>
</head>
<body>
  <h1>Newsletter Subscription Form</h1>
  <form>
    <input type="email" placeholder="Enter your email address" required><br>
    <button type="submit">Subscribe</button>
```

```
  </form>

</body>

</html>
```

Building a Newsletter Popup Modal

```
<!DOCTYPE html>

<html lang="en">

<head>

  <meta charset="UTF-8">

  <meta name="viewport" content="width=device-width, initial-scale=1.0">

  <title>Newsletter Popup Modal</title>

  <style>

    body {

      font-family: Arial, sans-serif;

      background-color: #f9f9f9;

      color: #333;

      margin: 0;

      padding: 20px;

      text-align: center;

    }


    .modal {

      display: none;

      position: fixed;

      top: 0;

      left: 0;

      width: 100%;

      height: 100%;
```

```
    background-color: rgba(0, 0, 0, 0.5);
    z-index: 999;
  }

  .modal-content {
    background-color: #fff;
    width: 300px;
    padding: 20px;
    border-radius: 5px;
    position: absolute;
    top: 50%;
    left: 50%;
    transform: translate(-50%, -50%);
  }

  input[type="email"] {
    width: 100%;
    padding: 10px;
    margin-top: 20px;
    border: 1px solid #ddd;
    border-radius: 5px;
    box-sizing: border-box;
  }

  button {
    background-color: #007bff;
    color: #fff;
    border: none;
```

```
        border-radius: 5px;
        padding: 10px 20px;
        cursor: pointer;
        margin-top: 20px;
      }
  </style>
</head>
<body>
  <h1>Newsletter Popup Modal</h1>
  <button onclick="openModal()">Subscribe Now</button>

  <div id="newsletterModal" class="modal">
    <div class="modal-content">
      <span onclick="closeModal()" style="cursor: pointer;">&times;</span>
      <h2>Subscribe to our Newsletter</h2>
      <input type="email" placeholder="Enter your email address"
required><br>
      <button type="button">Subscribe</button>
    </div>
  </div>

  <script>
    function openModal() {
      document.getElementById('newsletterModal').style.display = 'block';
    }

    function closeModal() {
      document.getElementById('newsletterModal').style.display = 'none';
```

```
    }
  </script>
</body>
</html>
```

Implementing a Cookie Consent Popup

```
<!DOCTYPE html>
<html lang="en">
<head>
  <meta charset="UTF-8">
  <meta name="viewport" content="width=device-width, initial-scale=1.0">
  <title>Cookie Consent Popup</title>
  <style>
    body {
      font-family: Arial, sans-serif;
      background-color: #f9f9f9;
      color: #333;
      margin: 0;
      padding: 20px;
      text-align: center;
    }

    .cookie-consent {
      position: fixed;
      bottom: 20px;
      left: 50%;
      transform: translateX(-50%);
      background-color: #333;
```

```
        color: #fff;
        padding: 10px 20px;
        border-radius: 5px;
        box-shadow: 0 2px 5px rgba(0, 0, 0, 0.3);
    }

    .cookie-consent button {
        background-color: #007bff;
        color: #fff;
        border: none;
        border-radius: 5px;
        padding: 5px 10px;
        cursor: pointer;
        margin-left: 10px;
    }
  </style>
</head>
<body>
  <div class="cookie-consent">
    This website uses cookies to ensure you get the best experience. <button
onclick="acceptCookies()">Got it!</button>
  </div>

  <script>
    function acceptCookies() {
        // Set cookie or perform other actions
        alert('Cookies accepted!');
    }
```

```
    </script>

</body>

</html>
```

Making a Toggle Switch

```
<!DOCTYPE html>

<html lang="en">

<head>

    <meta charset="UTF-8">

    <meta name="viewport" content="width=device-width, initial-scale=1.0">

    <title>Toggle Switch</title>

    <style>

        body {

            font-family: Arial, sans-serif;

            background-color: #f9f9f9;

            color: #333;

            margin: 0;

            padding: 20px;

            text-align: center;

        }

        .toggle-container {

            display: flex;

            align-items: center;

            justify-content: center;

            margin-top: 20px;

        }
```

```
.toggle {
   position: relative;
   display: inline-block;
   width: 60px;
   height: 34px;
}

.toggle input {
   opacity: 0;
   width: 0;
   height: 0;
}

.slider {
   position: absolute;
   cursor: pointer;
   top: 0;
   left: 0;
   right: 0;
   bottom: 0;
   background-color: #ccc;
   transition: .4s;
   border-radius: 34px;
}

.slider:before {
   position: absolute;
   content: "";
```

```
            height: 26px;
            width: 26px;
            border-radius: 50%;
            left: 4px;
            bottom: 4px;
            background-color: white;
            transition: .4s;
        }

        input:checked + .slider {
            background-color: #007bff;
        }

        input:checked + .slider:before {
            transform: translateX(26px);
        }
    </style>
</head>
<body>
    <h1>Toggle Switch</h1>
    <div class="toggle-container">
        <label class="toggle">
            <input type="checkbox">
            <span class="slider"></span>
        </label>
    </div>
</body>
</html>
```

Creating a Custom Audio Player

```
<!DOCTYPE html>
<html lang="en">
<head>
  <meta charset="UTF-8">
  <meta name="viewport" content="width=device-width, initial-scale=1.0">
  <title>Custom Audio Player</title>
  <style>
    body {
      font-family: Arial, sans-serif;
      background-color: #f9f9f9;
      color: #333;
      margin: 0;
      padding: 20px;
      text-align: center;
    }

    audio {
      width: 300px;
      margin-top: 20px;
    }
  </style>
</head>
<body>
  <h1>Custom Audio Player</h1>
  <audio controls>
    <source src="audio.mp3" type="audio/mpeg">
    Your browser does not support the audio element.
```

```
    </audio>

</body>

</html>
```

Designing a Product Showcase Grid

```
<!DOCTYPE html>

<html lang="en">

<head>

    <meta charset="UTF-8">

    <meta name="viewport" content="width=device-width, initial-scale=1.0">

    <title>Product Showcase Grid</title>

    <style>

        body {

            font-family: Arial, sans-serif;

            background-color: #f9f9f9;

            color: #333;

            margin: 0;

            padding: 20px;

            text-align: center;

        }


        .product-grid {

            display: grid;

            grid-template-columns: repeat(3, 1fr);

            gap: 20px;

        }
```

```
        .product {
            background-color: #fff;
            padding: 20px;
            border-radius: 5px;
            box-shadow: 0 2px 5px rgba(0, 0, 0, 0.1);
        }

        .product img {
            width: 100%;
            height: auto;
            border-radius: 5px;
            margin-bottom: 10px;
        }

        .product h2 {
            font-size: 20px;
            margin-bottom: 10px;
        }

        .product p {
            font-size: 16px;
        }
    </style>
</head>
<body>
    <h1>Product Showcase Grid</h1>
    <div class="product-grid">
        <div class="product">
```

```
        <img src="product1.jpg" alt="Product 1">
        <h2>Product 1</h2>
        <p>Description of Product 1</p>
      </div>
      <div class="product">
        <img src="product2.jpg" alt="Product 2">
        <h2>Product 2</h2>
        <p>Description of Product 2</p>
      </div>
      <div class="product">
        <img src="product3.jpg" alt="Product 3">
        <h2>Product 3</h2>
        <p>Description of Product 3</p>
      </div>
   </div>
</body>
</html>
```